राजनीति के कवित्त

वाणी प्रकाशन

नयी दिल्ली-110002

कवि श्री देवीदास रचित

राजनीति के कवित्त

संपादक

डॉ. महेन्द्रनाथ दुबे

आचार्य एवं अध्यक्ष, हिन्दी एवं आधुनिक भारतीय भाषाएँ विभाग
संकायाध्यक्ष, कला संकाय
डॉ. भीमराव अम्बेडकर विश्वविद्यालय, आगरा

क.मुं. हिन्दी तथा भाषाविज्ञान विद्यापीठ, आगरा

विश्वविद्यालय अनुदान आयोग की
सहायता राशि से प्रकाशित

वाणी प्रकाशन
21-ए, दरियागंज, नयी दिल्ली-110002
द्वारा प्रकाशित

प्रथम संस्करण : 1999

मूल्य : 175.00

आवरण चित्र : उदै प्रति से

क्वालिटी प्रिंटर्स, दिल्ली-110093
द्वारा लेज़र कम्पोज़

शुभम ऑफसेट, दिल्ली-110032
में मुद्रित

RAAJNEETI KE KAVITTA
Edited by Dr. Mahendra Nath Dubey

राजनीति एवं कवित्त के

मनीषी विद्वान्

स्वनामधन्य

महिमामय अटल बिहारी बाजपेयी जी

प्रधानमन्त्री

भारत वर्ष को सादर

–महेन्द्रनाथ दुबे

आभार प्रकाश

हिंदी-साहित्य के अतीत के उत्कृष्ट साहित्य रूपों के अनुसंधान में प्रवृत्त होने पर देश के नाना स्थलों पर संरक्षित प्रामाणिक हस्तलेखों को निरखने-परखने का अवसर मिला। इस क्रम में स्वयं अपने क. मुं. हिंदी तथा भाषा विज्ञान विद्यापीठ, आगरा के हस्त-लेखागार में अनेक महत्त्वपूर्ण हस्तलेख संग्रहीत हुए। उनमें से कुछ तो निश्चय ही साहित्य और देश की अमूल्य धरोहर सिद्ध हो सकने योग्य हैं। उनमें से कुछ के परिचय के साथ उनके संरक्षण और प्रकाशन की योजना मैंने विश्वविद्यालय अनुदान आयोग, नयी दिल्ली की सेवा में प्रस्तुत की। आयोग के विद्वान् अधिकारियों ने योजना के महत्त्व को स्वीकार करते हुए ऐसी उत्कृष्ट कला-सामग्रियों के संग्रह और प्रकाशन हेतु सहर्ष कुछ धनराशि प्रदान की। उससे अपने संग्रह की उत्कृष्ट रचनाओं के प्रकाशन की योजना बनाई गई। कला-सामग्री क्रय समिति और प्रकाशन सलाहकार समिति ने इस धनराशि से जिन महत्त्वपूर्ण हस्तलेखों के संपादन और प्रकाशन का निर्णय लिया, उनमें प्रथम पुष्प के रूप में कवि श्री देवीदास की 'राजनीति के कवित्त' रचना का चयन किया गया। समिति ने इसके संपादन का भार भी मुझे ही सौंपा। तदनुरूप इसका सर्वोत्तम संपादन करने की मैंने यथाशक्ति कोशिश की है। संपादनोपरांत यह अनमोल रचना विश्वविद्यालय अनुदान आयोग, नयी दिल्ली की प्रकाशन अनुदान राशि से प्रकाशित हो रही है। इसके लिए हम विश्वविद्यालय अनुदान के उदारचेता अधिकारियों के प्रति अत्यंत आभारी हैं। समिति की सिफारिश को स्वीकार करते हुए डॉ. भीमराव आम्बेडकर विश्वविद्यालय के माननीय कुलपति महोदय ने देश की प्रतिष्ठित संस्था वाणी प्रकाशन, नयी दिल्ली को इसके प्रकाशन हेतु स्वीकृति प्रदान की, जिससे यह इतने सुंदर सुरुचिपूर्ण ढंग से वाणी प्रकाशन से प्रकाशित हो सकी है, तदर्थ हम माननीय कुलपतिजी और प्रबंधक वाणी प्रकाशन के भी अतिशय आभारी हैं। हमें आशा है कि विश्वविद्यालय अनुदान आयोग, उसके अध्यक्ष, माननीय कुलपति जी और वाणी प्रकाशन का सहयोग हमें भविष्य में भी इसी तरह प्राप्त होता रहेगा।

कन्हैयालाल माणिकलाल मुंशी हिंदी तथा
भाषा विज्ञान विद्यापीठ, आगरा

डॉ. महेंद्रनाथ दुबे
निदेशक

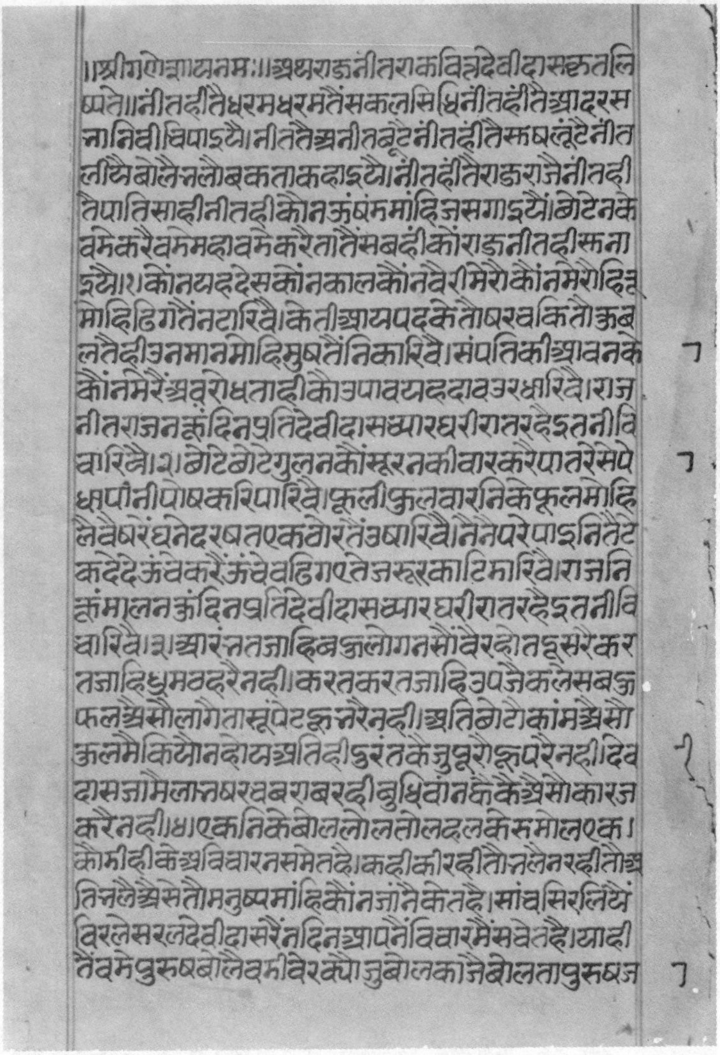

पं. उदैराम जोशी लिखित प्रति के
'राजनीति रा कवित्त' का पहला पृष्ठ

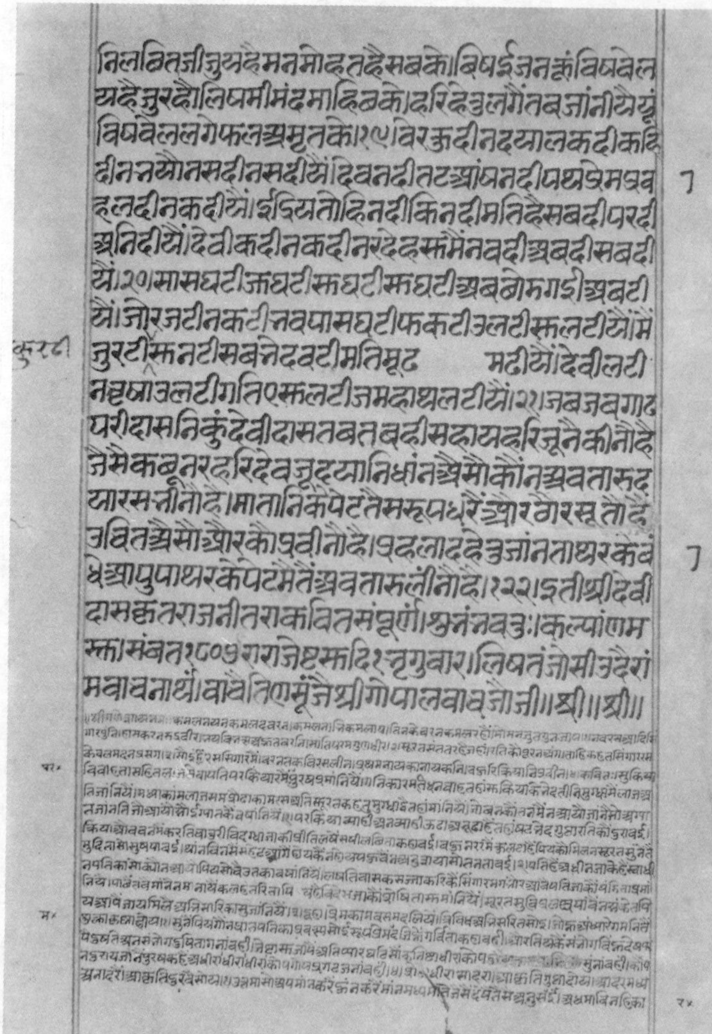

निलबितजीजुयदेमनमोदतदैसबको।बिषईजनकुंविषवेल
यदैजुरदैालिषमीमंदमादिबको।दरिदैउलगैंतबजांनीयेयूं
विषवेललगेफलअमृतको।१९।विरकुदीनदयालकदीकदि
दीननयोनसदीनमदीयें।दिवनदीतटआंषनदीपथडेमत्रव
हलदीनकदीयें।ईंद्रियतोदिनदीकिनदीमतिदैसबदीपरदी
अनिदीयें।देवीकदीनकदीनरदेदसमैंनवदीअबदीसबदी
यें।२०।मासघटीजाघटीसघटीसघटीअबबोभगडीअबटी
यें।जोरजटीनकटीनवपासघटीफकटीउलटीसलटीयेंमे
जुरटीसनटीसबजेदवटीमतिमूढ मढीयें।देवीलटी
नहषाउलटीगतिणसलटीजमदाघलटीयें।२१।जबजबगाढ
परीदासनिकुंदेवीदासतबतबदीसदायदरिजूनेकीनोदे
जैसेकबूनरदरिदेवजूदयानिधांनअैसोकोंनअवतारुद
यारसलीनोहे।मातानिकेपेटतेंसरूपधरेंआरगेरसतेंतोदे
उवितअैसोओरकोपवीनोदे।९दलादहेउजांनताघरकेव
धेआपुपाथरकेपेटमतेंअवतारुलीनोदे।२२।इतीश्रीदेवी
दासकृतराजनीतराकवितसंपूर्ण।शुभंभवतु।कल्याणम
स्तु।संवत१८०७रा।जेष्टसुदि२भृगुवार।लिषतंजोसीउदेरां
मवाचनार्थे।वांचेतिणसूंजेश्रीगोपालवावजीजी।।श्री।।श्री।।

पं. उदैराम जोशी लिखित
राजनीति रा कवित्त के पाठ का अन्तिम पृष्ठ

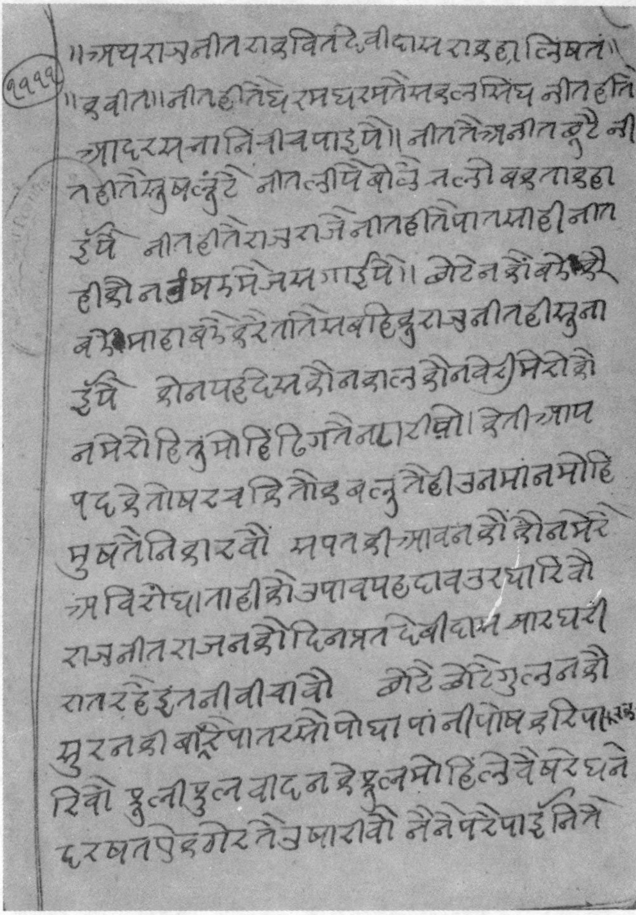
॥अथ राजनीत रा कवित देवीदास रा कहा लिखतं॥

राजनीति रा कवित्त देवीदास कहा
मोड़ी प्रति का प्रथम पृष्ठ

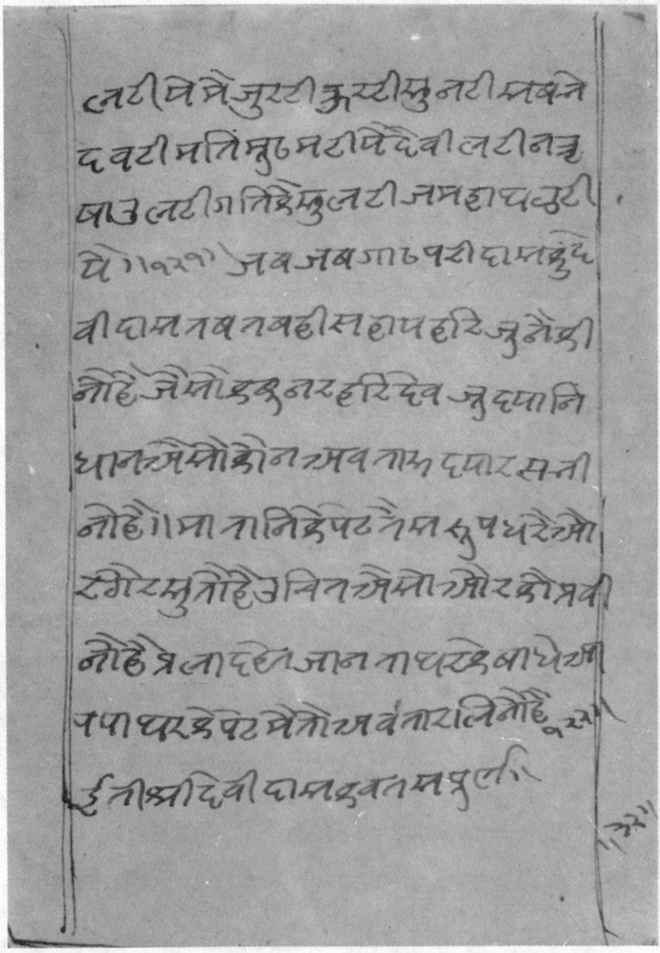

मोड़ी प्रति का अन्तिम पृष्ठ

॥श्रीगणेशायनमः॥ ॥अथराजनीतराकवित
देवीदासराकह्यालिषते॥ ॥नीतहीतैधरमध
रमतैसकलसिधनीतहीतैआदरसनानिवीच
पाईयै नीततैअनीतबूटैनीतहीतैसुषलुटैनीत
लीयैबोलैनलोबकताकहाइयै नीतहीतैराज
राजैनीतहीतैपातसाहीनीतहीकौनकंपंथमांहि
जसगाईयै बोरेनुकौंवमेकरैंवमेमहावमेकरै
तातैसबहीकंराजनीतहीसुनाईयै॥१॥ कौंन
यहदेयकौंनकालकौंनवैरीमेरोकौंनमेरौहि
तूमोहिढिगतैनटारिवै। कैतीआयपदकैतौषर
चकितौकबलुतैहीअनमांनमोहिमुषतैनिका
रिवैसंपतिकीआवनकोकौंनमेरैअविरोध
ताहीकौउपावयहदावउरधारिवै। राजनीत
राजनकौंदिनप्रतिदेवीदासच्यारघरीरातरहैइ
तनीविचारवै॥२॥ ओटेओटेगुलनकौंसूरनकी
बारकरैपातरेयेपोधापांनीपोषकरिपारिवै
फूलीफलवादनकेफूलमोहिलैवेषरेघनेदर
षतएकओरतेउषारिवै नेनैपरेपाइनितेटेक
देदैऊंचेकरैऊंचेवढगएतेजरूरकाटिमारिवै
राजनिकंमालीनकंदिनप्रतिदेवीदासच्यार
घरीरातरहैइतनीविचारवै॥३॥ आरंनतजा
हिबऊलोगनसुंवैरहोयइसरेकरतजाहिध्र
मवहरैनहीकरतकरतजाहिउपजेकलेय
बऊफलओओलागैजासुंपेटफूलरैनहीःअति

हरी प्रति–पं. हरिकृष्ण लिखित का आरंभिक पृष्ठ

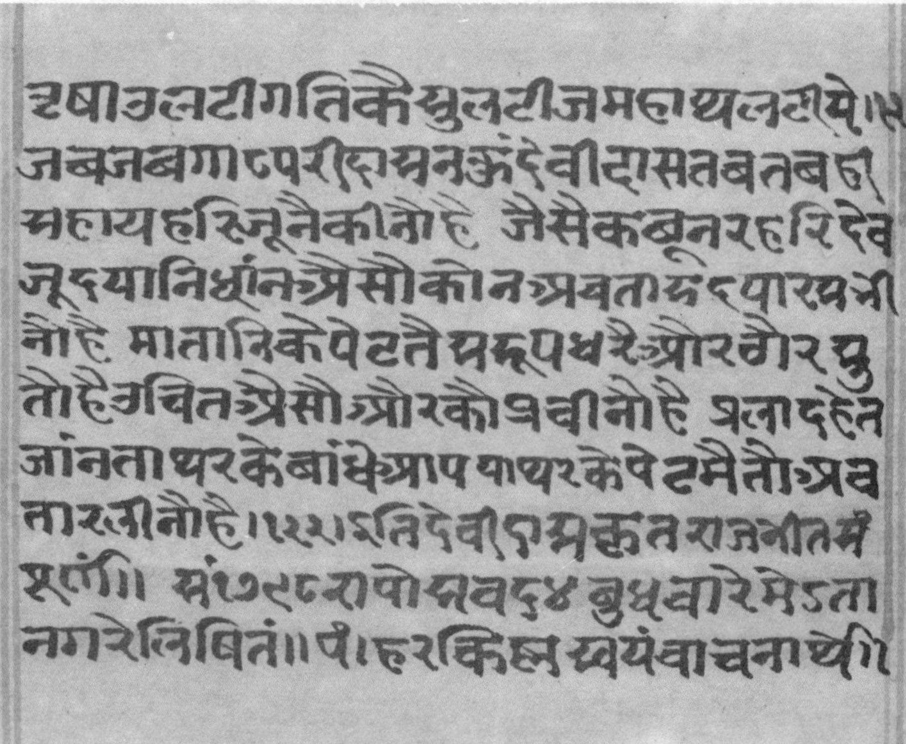
रषा उलटी गति के सुलटी जमहा थल सीपे।सा
जब जब गाढ परी हाय मनऊं देवीदास तब तब स
हाय हरि जू ने कीनो है जैसे कबू नरहरि देव
जू दयानिधान ऐसो कोन अवतार दूसरो भयो भी
नो है माता निके पेट ते प्रकट भये और गोरषु
तो है अचित ऐसो और को वचीनो है प्रह्लाद हेत
जांनता घर के बांधे आप पाथर के पेट मै तो अव
तार लीनो है।।१२२।। इति देवीदास कृत राजनीत सं
पूर्णं।। सं१७६८ पोस वद ४ बुधवारे मेडता
नगरे लिषितं।। पं। हरकिसन स्वयं वाचनार्थं।।

हरी प्रति–पं. हरिकृष्ण लिखित
सं. १७६८ पौष बदी ४ बुधवासरे
मेड़ता नगरे, का अन्तिम पृष्ठ

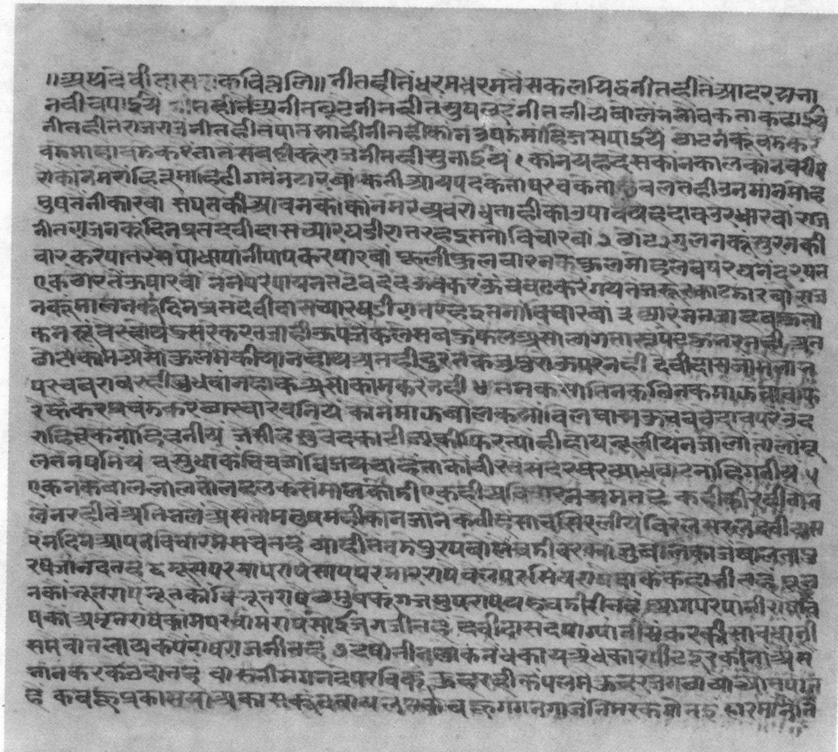

अपूर्ण प्रति राजनीति रा कवित्त का प्रथम पृष्ठ

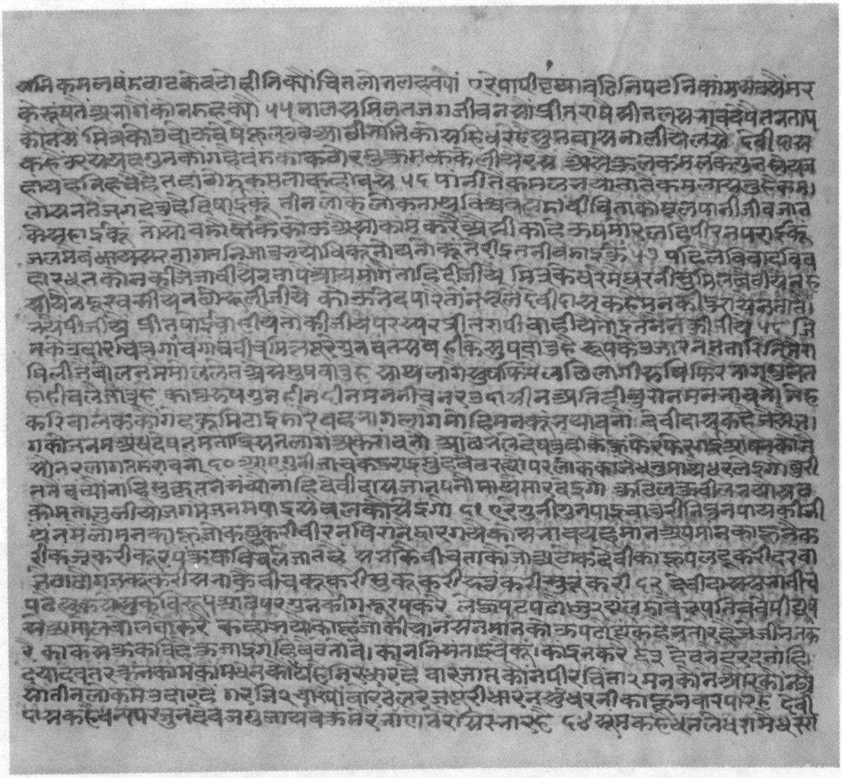

अपूर्ण प्रति–पद संख्या ५५ से ६४ तक का पाठ

राजनीति के कवित्त

0.0 हिंदी-साहित्य के प्रामाणिक स्वरूप की जानकारी हासिल करने के क्रम में प्राचीन हस्तलेखों की भूमिका के महत्त्व को समझते हुए मैंने यथासंभव प्रामाणिक हस्तलेखों के संग्रह ही किए। इस क्रम में मुझे जो बहुत उत्साहजनक तथ्य मिले उसमें दो विषय बेहद महत्त्व के हैं। (1) हिंदी साहित्य की गद्‌य-विधा में ढेर सारी रचनाएँ ऐसी मिलीं जो तथाकथित पद्य-विधा की किसी भी प्राचीन रचना से भी किसी भी प्रकार बाद की नहीं हैं। जिससे सिद्ध है कि हिंदी गद्य-विद्या भी उतनी ही प्राचीन है जितनी कि पद्य-विधा। अतः यह समझना कि आरंभिक हिंदी-साहित्य केवल पद्य-विधा का साहित्य है, निरा भ्रम है। मैं कोशिश कर रहा हूँ कि हिंदी की उन आरंभकालीन गद्य-रचनाओं को भी शीघ्र ही प्रकाशित कर हिंदी विद्वानों और पाठकों के समक्ष निवेदित करूँ। (2) दूसरी स्थिति हिंदी के उत्तर मध्य काल जिसे आचार्य शुक्ल ने रीतिकाल और मेरे गुरुवर पं. विश्वनाथ प्रसाद मिश्र ने शृंगारकाल कहना उचित समझा है और अपने-अपने नामकरणों के अनुरूप उस काल में रीतिपरक या शृंगारपरक रचनाओं की ही प्रधानता मानी है; उस तथाविधि बदनाम साहित्यकाल की अनेक महत्त्वपूर्ण कृतियों के ऐसे हस्तलेख मुझे सुलभ हो सके जिनका न तो रीति की प्रवृत्तियों से कोई लेना-देना था और न शृंगार की सजावटी वृत्ति से कोई संपर्क ही था। वे तो विशुद्ध सामाजिक संदर्भों की रचनाएँ हैं और विशेषता यह कि काव्यशिल्प की दृष्टि से भी वे उतनी ही समुन्नत हैं जितनी कि उस काल की कोई भी श्रेष्ठ से श्रेष्ठ रचना है।

0.1 इस दूसरे ही रूप की एक प्रमुख कृति है यह 'राजनीति के कवित्त'। इस महान्‌ कृति के कुल चार हस्तलेख मुझे सुलभ हो सके। जिनमें से सबसे पुराना हस्तलेख खंडित है। इस पहले हस्तलेख के आरंभ में पहला पद प्राप्त हुआ है। आरंभ में कई सादे पन्ने हैं। फिर 'देवीदास कवित्त लिख्यते' शीर्षक देकर रचना आरंभ होती है। अंतिम हिस्से में यह अपूर्ण है ही। 64वें पद तक पाठ पूरा है परंतु 65 पद की पहली पंक्ति भी पूरी नहीं हो सकी है। कृति पूरी न होने, पुष्पिका न होने के कारण इस पांडुलिपि के लिखिया, लिखने के स्थान, किसके लिए लिखी गई और कब लिखी गई ? आदि की कोई जानकारी मिल पाना संभव नहीं हो सका।

हस्तलेख 8 इंच (सेमी 17.5) 6.5 इंच (16 सेमी) चौड़ा है। लिखने की जमीन की लंबाई 5.8 इंच (14.5 सेमी) और चौड़ाई 4.5 इंच (11 सेमी) है। कागज हाथ का बना मोटा और बादामी रंग का है। स्याही का रंग धूमिल पड़ गया है। कागज़ स्याही

और लिखावट की प्रकृति को देखते हुए यह लगभग 200 वर्ष पुरानी जान पड़ती है। यह हस्तलेख जिस बंडल में है उसमें (i) सुंदर श्रृंगार, (ii) नाटिका समयसार (iii) अचलदास खीची री बात और (iv) मंत्रविधि जैसी रचनाओं के भी हस्तलेख हैं। जिससे यह तो आभास मिलता ही है कि इन रचनाओं के समान महत्त्व की रचना मानते हुए ही 'देवीदास के कवित्त' का पाठ उतारा गया था।

0.2 दूसरा हस्तलेख एक सजिल्द पांडुलिपि में है, जिसके आरंभ के पन्ने फट गए हैं। किंतु आरंभ के पन्ने चूँकि सादे हैं अतः किसी रचना का पाठ प्रभावित नहीं हुआ है। इसके आरंभ में 65 पन्नों तक **समयसारनाटक** का पाठ है, उसके बाद **'सूआबहोत्तरी वार्त्ता लिख्यते'** शीर्षक देकर पाठ है, जो 40 पन्ने तक जाता है। उसके अनंतर 27 पन्ने सादे पड़े हैं। संभवतः किसी और रचना का पाठ उतारने को छोड़े रख गए हों, जो कि उस मूल पांडुलिपि में इतने पन्नों में पूरी हुई रही होगी, जिससे कि यह प्रतिलिपि उतारी गई थी। फिर 'जलाल गहानी वार्त्ता' का पाठ है, जो पत्र संख्या 146 पर पूरा हुआ है। उसके बाद 'राजनीति कवित्त लिख्यते' शीर्षक देकर यह पाठ आरंभ हुआ है। इस पांडुलिपि में पाठ पूरा है और अंत में पुष्पिका भी है जो इस प्रकार है : "इती श्री देवीदास कृत राजनीति संपूर्ण सं. 1798 रा पोस बद 4 बुधवासरे, मेड़ता नगरे लिषूयतं। पं. हरकिशन स्वयं वाचनार्थे।"—इससे स्पष्ट है कि देवीदास रचित राजनीति सम्वत् 1798 में ही इतनी लोक-प्रिय रचना हो चुकी थी कि पं. हरिकृष्ण ने स्वयं अपने पढ़ने के लिए इसका पाठ उतारा था, राजस्थान के मेड़ता नगर में। पोष बदि (कृष्ण पक्ष) को चतुर्थी तिथि, जो बुधवार को पड़ी थी, सम्वत् 1798 अर्थात् ईस्वी सन् 1741 के दिसम्बर महीने में पं. हरिकृष्ण ने अपने पढ़ने के लिए इसका पाठ उतारा था।

यह हस्तलेखक 8 इंच (20.2 सेमी) लंबाई में और 6 इंच (15.5 सेमी) चौड़ाई में है, जिसमें लिखने की ज़मीन का माप 6.5 इंच (16 सेमी) लंबाई में और 4.2 इंच (11 सेमी) चौड़ाई में है। कागज काफी पुराना हाथ का बना खुरदुरा है परंतु स्याही बहुत ही चटक और लिखावट बहुत ही साफ है।

0.3 तीसरा हस्तलेख सम्वत् 1807 के ज्येष्ठ सुवि प्रतिपदा भृगुवार को लिखकर जोशी उदैराम के पढ़ने के लिए पूरा किया गया था। इस हस्तलेख में कवि केशवदास की कविप्रिया का पाठ भी उतारा हुआ है। उसके बाद ही 'राजनीति रा कवित्त' शीर्षक देकर इसका पाठ उतारा हुआ है। इसमें भी पाठ पूरा है जिसके अंत में निम्नलिखित पुष्पिका है—

"इती श्री देवीदासकत राजनीति रा कवित्त संपूर्ण। शुभं भवतु। कल्याणमस्तु।" सम्वत् 1807 रा रा ज्येष्ठ सुदि 1 भृगुवार लिषितं जोशी उदैराम वाचनार्थं। वाचै तिण सूँ जै श्री गोपाल वाच जौ जी ।श्री। श्री।" अर्थात् इसका पाठ उतारना ज्येष्ठ के शुक्ल पक्ष की प्रतिपदा या एक्कम तिथि, शुक्रवार को यानी सन 1750 के मई महीने के अंतिम सप्ताह में पूरा हुआ था। इसके लिपिकर्त्ता उदयराम जोशी थे, या कि उदयराम जोशी के पढ़ने के लिए यह लिखवाई गई थी, यह बात बहुत स्पष्ट नहीं है क्योंकि बाद में वाचन कर्त्ता से जै श्रीगोपाल का नमस्कार किया गया है अतः वाचनेवाला कोई और

लिपिकर्त्ता उदैराम जोशी हो सकते हैं परंतु चूँकि उदैराम वाचनार्थ लिखा है अतः उदैराम जोशी के पढ़ने के लिए लिखी गई हो सकती है। यह प्रति किस विशेष स्थान पर उतारी गई थी, इसका कोई उल्लेख नहीं है। परंतु 'रा' प्रत्यय और तिण सूँ' सर्वनाम पद से इसका क्षेत्र राजस्थान होना स्पष्ट होता है। अतः यह प्रति भी राजस्थान में ही कहीं लिखी गई थी।

यह हस्तलेख लंबाई में 11.8 इंच (30 सेमी) चौड़ाई में 8.5 इंच (21.5 सेमी) है। जिसमें लिखने की ज़मीन की लंबाई 9.9 इंच (25 सेमी) और चौड़ाई 6.7 इंच (17 सेमी) है।

0.4 चौथा हस्तलेख ही एक ऐसा हस्तलेख है जिसमें केवल बस इसी रचना का पाठ है। इसकी लिपि मोड़ी है, अतः यह भी राजस्थान से ही संबंधित लगती है वैसे मोड़ी का प्रचार पूरे उत्तर प्रदेश और बिहार तक भी पाया जाता है। इसमें शब्द अलग-अलग न होकर सब एक ही शीर्षक रेखा में मिलाकर लिखे गए हैं। पद भी अलग-अलग नहीं हैं। सभी एक ही सुर में सपाट रूप में लिखे हैं। इसकी प्रति हाथ के बने पुराने मटमैले कागज पर है जो आज की अभ्यास पुस्तिका (कापी) के आकार से बीच में सिली है। इसमें कुल 32 पन्ने हैं। इसके आकार की लंबाई 09 इं. (23 सेमी) और चौड़ाई 6. 5 इंच (16.5 सेमी) है। लिखने की जमीन की लंबाई 8 इंच (20.5 सेमी) और चौड़ाई 6 इंच (15 सेमी) है। हस्तलेख के आरंभ में पाठ है–"अथ राजनीति रा कवित्त देवीदास कहा लिखतम्।" तथा अंत में दी हुई पुष्पिका का पाठ है–

"राजनीति रा कवित्त देवीदास कृत सम्पूर्ण"

इसमें लिपिकर्त्ता का नाम, पता, लिखने के स्थान, लिखने के समय और किसके लिए लिखी गई थी, इसका कोई उल्लेख नहीं है किंतु कागज़ की बनावट स्याही की प्रकृति और लिखावट की शैली देखते हुए यह भी लगभग 2 सौ वर्ष पुरानी जान पड़ती है।

1.0 रचना का नाम

उपर्युक्त चारों हस्तलेखों के अवलोकन से स्पष्ट है कि प्रथम हस्तलेख, अपूर्ण होने के कारण जिसे यहाँ **अपूर्ण प्रति** नाम दिया गया है, में **देवीदास कवित्त** नाम दिया गया है। इसमें किसी विषय का उल्लेख नहीं है, बस देवीदास द्वारा रचे गए कवित्त या कविता का भाव भर है। दूसरा हस्तलेख जो पं. हरिकृष्ण द्वारा लिप्यांकित किया गया है अतः जिसे **हरि प्रति** नाम दिया गया है, कि आरंभ में **राजनीति कवित्त** नाम है। इस आरंभिक अंश में देवीदास का उल्लेख नहीं है, परंतु चूँकि प्रत्येक छंद में देवीदास या देवी नाम की भणिता है और पुष्पिका में 'श्री देवीदास कृत राजनीति' पद अंकित है, अतः स्पष्ट ही है कि श्री देवीदास द्वारा रचित राजनीति के कवित्त का ही भाव है, अतः यहाँ रचना का नाम **श्री देवी दास कृत राजनीति कवित्त** स्पष्ट होता है। तीसरे हस्तलेख, जिसमें उदैराम जोशी का उल्लेख स्पष्ट होने से जिसे **उदै प्रति** कहा गया है, में रचना का शीर्षक **राजनीति रा कवित्त** दिया हुआ है। अंत में पुष्पिका में श्री देवीदास कृत 'राजनीति रा कवित्त'

नाम स्पष्ट है। चौथा हस्तलेख जो लिपिकर्त्ता नाम से रहित है, मोड़ी लिपि में होने के कारण जिसे **मोड़ी प्रति** नाम दिया गया है, में राजनीति रा कवित्त देवीदास कहा—आरंभ में ही उल्लिखित है, और अंत में भी इसी आशय का उल्लेख है अतः इसके आधार पर रचना का नाम **राजनीति रा कवित्त** ही सिद्ध होता है, जो देवीदास द्वारा रची गई है।

1.1 उपर्युक्त चारों पांडुलिपियों से निष्कर्षतः (i) देवीदास कवित्त (ii) राजनीति कवित्त (iii) राजनीति रा कवित्त और (iv) राजनीति रा कवित्त देवीदास कहा—"नाम स्पष्ट होता है। पहला 'देवीदास कवित्त' नाम तो बस देवीदास रचित कवित्त का ही सूचक है, जैसे कि 'बिहारी सतसई'। सो यह तो कोई स्पष्ट नाम हुआ नहीं। दूसरा—'राजनीति कवित्त' भी कोई स्पष्ट नाम नहीं है। तीसरे और चौथे हस्तलेखों में 'राजनीति रा कवित्त' एक जैसा ही नाम है, हाँ चौथे में—'देवीदास कहा" पद अतिरिक्त भी है। अतः स्पष्ट हुआ कि नाम तो 'राजनीति रा कवित्त' ही हुआ, देवीदास द्वारा रचित होने का विशेषण अवश्य संदर्भ सूचना के लिए है।

1.2 परंतु चूँकि पूरी-की-पूरी रचना पुरानी ब्रजभाषा और पुरानी कौरवी या खड़ी बोली की छोंक लिए ही हैं, राजस्थानी लिपिकत्ताओं द्वारा राजस्थान प्रदेश की सीमा में लिप्यांकित करने के कारण ही राजस्थानी का 'रा' प्रत्यय लगा हुआ है अतः इसका नाम 'राजनीति-कवित्त' हिंदी की असमस्त प्रकृति के अनुरूप 'राजनीति के कवित्त' होना ही उचित है। जिसके स्रष्टा कवि श्री देवीदास हैं। अतः इसे मिलाते हुए कोई इसे 'श्री देवीदास कृत राजनीति के कवित्त' नाम से भी प्रकार सकता है, यद्यपि हिंदी प्रकृति के अनुरूप 'राजनीति के कवित्त' नाम ही समुचित है।

2.0 रचयिता का संदर्भ

सभी हस्तलेखों से निर्विवाद रूप से सिद्ध है कि 'राजनीति के कवित्त' की इस रचना के रचयिता देवीदास ही हैं, जिन्हें आदरपूर्वक श्रीदेवीदास भी कहा गया है। संक्षेप में वे केवल 'देवी' भणिता का भी प्रयोग करते हैं। इस तरह 'देवी' 'देवीदास' या श्रीदेवीदास ही इस रचना के रचयिता हैं।

2.1 ये देवीदास कोई साधारण कवि नहीं है, अपितु एक अतिप्रतिष्ठित और बहु प्रशंसित कवि हैं, यह बात मात्र सरसरी तौर पर उनकी रचनाओं की संग्रहक वृत्ति को ही देखकर कही जा सकती है। उनकी रचना 'राजनीति के कवित्त' जिन हस्तलेख संग्रहों में संग्रथित मिली है उनमें उनकी अगल-बगल में 'सुंदर शृंगार' जैसी श्रेष्ठ रचना जिसके रचयिता श्रीपति मिश्र जो काव्य और काव्यशास्त्र के प्रकांड विद्वान् हैं, अचलदास, जो 'अचल दास खीची' जैसी अति प्राचीन हिंदी गद्य कृति के प्रतिभाशाली लेखक हैं, 'समयसार नाटक' जिसके निर्माता कवि बनारसीदास हिंदी कविता साहित्य और गद्य-विधा के भी श्रेष्ठ हस्ताक्षर हैं, **'जलाल कहानी वार्त्ता'** जैसी हिंदी गद्य की आरंभिक स्थिति की अत्यंता प्रौढ़ कृति जैसी उत्कृष्ट रचना, **कवि प्रिया** जो महाकवि केशवदास की काव्य प्रतिभा और काव्यशास्त्रीय चिंतन का श्रेष्ठ नमूना है, जैसी श्रेष्ठ कृतियाँ हैं। कुछ संग्रहात्मक हस्तलेखों

में इसे पुष्पदन्त विरचित **महिम्न स्तोत्र** और **बिहारी लाल** की **सतसई** के साथ भी संग्रहीत बतलाया गया है। इसतरह कवि देवीदास बहुत पहले ही संग्रहकर्त्ता विद्वान् पारखियों द्वारा समाहत हो चुके थे, इसमें तो कोई संदेह ही नहीं है।

2.2 परंतु संशय इस बात पर होता है कि बहुत पहले समादृत हो चुके इस कवि के संबंध में हिंदी साहित्य के इतिहास ग्रंथों में समुचित मर्यादा में विवरण क्यों नहीं पाए जाते ? वे एक अज्ञात अथवा अल्पज्ञात कवि ही क्यों बने रह गए ?

जहाँ तक मैं समझ पाया हूँ, इसका मूल कारण यह है कि वास्तव धर्मा यह कवि अपने जमाने और अपने परवर्ती जमाने के संग्रहाक काव्य-रसिकों की प्रवृत्ति से बहुत आगे के जमाने का चिंतक कवि था। हिंदी साहित्य के संग्रह-कर्त्ताओं, समायोजकों, साहित्येतिहास लेखकों में आदि कालीन बौद्ध, नाथ, सहजिया, वीर-शृंगार प्रवृत्तियों, भक्ति कवियों की ज्ञानाश्रयी-प्रेमाश्रयी अथवा कृष्णभक्ति-रामभक्ति परक रचनाओं के संग्रह, और समालोचन की ऐसी प्रवृत्ति बलवती हो गई थी कि देवीदास जैसे कवि की समाज की यथार्थ स्थिति से जुड़ी, रसात्मक बोध की जगह चेतनात्मक प्रज्ञा जगानेवाली कविताओं की ओर उनकी रुझान नहीं हो सकी। होती भी कैसे ? यह कवि लीक से पूरी तरह हटकर चलनेवाला जो था। वह भक्ति-शृंगार जैसी भावुक भावदशाओं की चर्चा के प्रसंग में भी इतना यथार्थवादी था, कि उतने खरे सच को सुन पाने की क्षमता ही लोगों में बची नहीं रह गई थी। पाठकों-श्रोताओं को सपनों की दुनिया में ले जाकर सहलानेवाले कविगण की रचनाएँ ही उन्हें अधिक रास आने लगी थीं। यथार्थ के कटु 'अनुभव' से जी चुराकर भाग निकलने की आदत सी पड़ गई थी। भक्तिकाल के कवियों की समालोचना के क्रम में हिंदी समीक्षक जहाँ स्वयं को भी भक्ति की ऊँची भूमिका पर पहुँचा हुआ दिखाकर स्वयं उच्चासन पर पहुँचे हुए होने का सुख भोग करते लगते हैं, वहीं रीति-शृंगार काल के विलास प्रिय कवियों और विलासी दरबारों में रस ले-लेकर तृप्ति जुटाती दीखती है, ऐसे में जीवन यथार्थ को चित्रित करने वाली सूखी रचनाओं को देखने, उनका मूल्यांकन करने, उनका संग्रह और संरक्षण करने में रुचि न ले पाना स्वाभाविक ही है।

3.0 श्री देवीदास का समय

श्री देवीदास के समय के संबंध में कहीं से कोई स्पष्ट संकेत सुलभ नहीं हैं ऐसी दशा में उनकी कृति 'राजनीति के कवित्त' से ही हमें सहायता लेनी होगी। 'राजनीति के कवित्त' के जो चार हस्तलेख सुलभ हैं उनमें से दो में तो उनमें लिपिकाल (लिपि पाठ उतारने का समय) का कोई उल्लेख नहीं है। जिन दो में इनका उल्लेख है वे क्रमशः संवत् 1798 अर्थात् ईस्वी सन् 1741 और संवत् 1807 अर्थात् 1750 ईस्वी सन् का उल्लेख है। इन दोनों प्रतिलिपियों की प्रति लिपि उतारने के समय में मात्र 09 वर्ष का अंतर है किंतु इनमें से कोई भी दूसरे की प्रतिलिपि नहीं है, जो इनमें पाठों के तुलनात्मक पर्यवेक्षण से स्पष्ट है। अतः दोनों ही भिन्न-भिन्न पाठ- परंपराओं के आदर्श से विकसित हैं। इनकी आदर्श प्रतियों (Exemplore इक्ज़ेम्प्लार) को अगर दस-दस वर्ष पुराना ही माने तो वे क्रमशः ईस्वी 1731 और ईस्वी 1740 में लिखे गए होंगे) उन्हें अगर किसी एक ही

आदर्श प्रतिलिपि से विकसित मान लें, और उस आदर्श प्रति के बनने का समय मात्र 10 वर्ष ही और पुराना माने तो वह प्रति पुरानी प्रतिलिपि 1731 के आधार पर 1721 ईस्वी की रही होगी। अगर उसे कवि के स्वहस्तलेख (autograph आटोग्राफ) से ही उतारा हुआ माने, और उसे मात्र 10 वर्ष पूर्व का रचा हुआ माने, तो कवि के अपने स्वहस्तलेख में प्रस्तुत मूल प्रति सन् 1711 ईस्वी में प्रस्तुत हो चुकी थी। चूँकि **राजनीति के कवित्त'** रचना इतनी प्रौढ़ है। इसमें जो कवित्त, दंडक, घनाक्षरी तथा मदिरा, त्रोटक, सुंदरी त्रिभंगी, दुर्मिल, मत्तगयंद और विलास सवैया एवं कुंडलिया छंद का जो निर्दोष एवं गतिशील प्रयोग है, उससे यह निश्चय है कि यह किसी नौसिखुए कवि की रचना नहीं है, बल्कि सिद्धहस्त कवि की कृति है। इसके पहले निश्चय ही अन्य रचनाएँ उसने रची होंगी। ऐसी प्रौढ़ रचना रचते समय कवि की आयु कम से कम 45 वर्ष तो रही ही होगी, अतः कवि का जन्म 1711-45 = 1676 ईस्वीसन में होना संभव है। अगर उनकी पूर्ण आयु 55 वर्ष भी माने तो कवि का जीवन काल ईसवी सन् 1676 से 1731 तक माना जा सकता है।

3.1 इस अवधि को अगर हम भारतीय इतिहास के संदर्भों से जोड़कर देखें, तो मुगल बादशाहों के शासनकाल—अकबर सन् 1556 से 1605, जहाँगीर सन् 1605 से 1627 शाहजहाँ सन् 1628 से 1658 और औरंगजेब सन् 1658 से 1707 ईसवी की अवधि के अनुक्रम में देवीदास का समय सन् 1676 से 1731, औरंगजेब के शासनकाल का समय है। औरंगजेब की शासन व्यवस्था और उसके अधीन पल रहे राजाओं और सामन्तों की शासन व्यवस्था जैसी रही हो सकती है, ठीक उसी के अनुरूप राजाओं और उनके दरबारों की रीति-नीति का वर्णन और उस पर प्रजा के स्वाभाविक आक्रोश की टिप्पणियाँ हमें श्री देवीदास के 'राजनीति के कवित्त' में देखने को मिलती हैं। अगर हम इन स्वाभाविक स्थितियों को न मानकर हिंदी साहित्य के इतिहास ग्रंथों में स्वीकृत काल-विभाजनों और उसकी तत्-तत् युग-प्रवित्तियों को ही माने और उसके आधार पर विवेचना करके देखें, तो ये साहित्येतिहास ग्रंथ प्रायः संवत् 1700 अर्थात् सन् 1643 ईस्वी से रीतिकाल या शृंगारकाल का आरंभ मानते हैं। ऐसी स्थिति में श्री देवीदास का जीवन काल, जो सन् 1676 से 1731 ईस्वी तक का अनुमन्य है, वह पूरा-का-पूरा रीतिकाल या शृंगारकाल की ही सीमा में पड़ता है। यद्यपि कि यदि संवत् 1680 में महात्मा तुलसीदास के देहावसान की तिथि सत्य है तो संवत् 1798 में 'राजनीति के कवित्त' की तीसरी पीढ़ी की प्रतिलिपि तैयार हो चुकने के कारण, उनका जन्म काल जो सन् 1676 अर्थात् संवत् 1733 पड़ता है, वह तुलसीदास के देहावसान के 47 वर्ष बाद के लगभग ही पड़ता है।

3.2 रीतिकाल का शृंगारकाल के प्रतिनिधि कवियों के काल, जो सामान्यतः स्वीकार्य हैं, उससे मिलाकर देखें तो, आचार्य रामचंद्र शुक्ल द्वारा मान्य उत्तर मध्यकाल या रीतिकाल का विस्तार, संवत् 1700 (सन् 1643) से 1900 (सन् 1843) तक जो मान्य है उसके मध्य बिहारी लाल का जीवन काल सन् 1603 से 1663 तक, देव का 1672 से 1745 तक, भूषण 1613 से 1715 तक, मतिराम 1617 से 1688 तक, पद्माकर का 1753 से 1833 तक, घनानंद का सन् 1689 से 1739 तक, ठाकुर 1774 से 1823 तक तक

का माना जाता है। एवंविध श्री देवीदास इन सभी के सम-सामयिक ही ठहरते हैं। घोर शृंगार के विलासमय वातावरण में रसीपगी कविताओं तथा लक्षण-लक्ष्य काव्य की बँधी-बँधाई परिपाटी में रची जानेवाली काव्यशास्त्रपरक रचनाओं की रचना के काल में विशुद्ध सामाजिक यथार्थ के चिंतन की कविता करनेवाला यह कवि जिसतरह अपने आपको उनसे अछूता रख पाया होगा ? यह एक आश्चर्यजनक बात है। इस पर भी तारीफ तो यह है कि राजाओं-सामंतों के दरबारों में कवियों को उनकी कविताओं के प्रदर्शन के दंगल के कारण जानेवाले दृश्यों से यह कवि पूरी तरह वाकिफ भी था। अपने कवित्तों में उसने कवियों को इस चाल से बँचने, और अपना स्वाभिमान बनाए रखने की सीख भी देता है। ऐसे राजाओं, सामन्तों के विरुद्ध के कोई अभियान नहीं चलाते, उस युग में उतना कुछ कर पाना संभव भी नहीं था; परंतु बड़ी विनम्रता, यह दर्शाते हुए कि हम तो राजा के पड़ोस में बसे भोले-भाले साधारण ब्राह्मण भर हैं फिर भी किसी की दया पर पलनेवाले नहीं हैं अतः राजाओं के दरबार में हाजिरी देते हुए, उनके द्वारा एक-दूसरे के विरुद्ध कविताओं का दंगल सा करने के लिए राजाओं द्वारा ललकारे जाने पर अपनी कविता सुनाने को बाध्य नहीं हैं। कविता करना और सुनाना पूरी तरह हमारी या किसी भी कवि की अपनी मर्ज़ी की चीज़ है, प्रदर्शनात्मक प्रतियोगिता की नहीं।

4.0 'राजनीति के कवित्त' का पाठ-संपादन

श्री देवीदास कवि विरचित 'राजनीति के कवित्त' कृति के पाठ संपादन की आवश्यकता इसलिए है, कि स्वयं कवि के द्वारा रचित, और स्वयं कवि के अपने हस्तलेख में लिखित कोई भी मूल या आदर्श प्रति कहीं सुलभ नहीं हो सकी है। मैंने अनेकानेक प्रयासों से जो हस्तलेख जुटाए, जो अब हमारे कन्हैयालाल माणिकलाल मुंशी हस्तलेखागार में सुरक्षित हैं, उनमें से कोई भी मूल रचना नही है। न कवि द्वारा बोलकर लिखाई गई है। सभी-की-सभी प्रतिलिपियाँ ही हैं। ये प्रतिलिपियाँ भी भिन्न-भिन्न स्तरों की हैं। इसकी जाँच-परख मैंने पाठवैज्ञानिक प्रविधि पर अच्छी तरह कर ली है।

4.1 सर्वप्रथम मैंने सभी के पाठ अलग-अलग पूरे-के-पूरे उतारे। फिर लंबे चौड़े प्रपत्रों पर उनका तुलनात्मक चार्ट बनाया। इस तुलनात्मक चार्ट (कोलेशन शीट) में जो पाठ सभी में एक जैसे मिलते थे, उन्हें तो मूल प्रति अथवा प्रतिलिपि-परंपरा को गति देनेवाली आदर्श प्रति का पाठ मान लेने में कोई कठिनाई नहीं हुई। पाठों का एक बड़ा हिस्सा तो यूँ सुलभ हो गया; परंतु, यह देखकर हैरानी हुई कि इनमें से कोई भी दो प्रति आपस में हू-ब-हू नहीं मिलती। सभी के बाद कहीं-न-कहीं एक दूसरे से भिन्न हैं। अतः पाठों के वैभिन्नय में अभिन्नता तलाशने में मदद नहीं मिली। इनकी प्रतिलिपि की कोई एक ही परंपरा विकसित होती दृष्टिगत नहीं हुई। सारे पाठ भेदों को फिर अलग-अलग रखते हुए, उनके विकास के सूत्र खोजने शुरू किए।

5.0 प्रतिलिपि-संबंध और वंश-वृक्ष निर्माण

'राजनीति के कवित्त' के इन चारों हस्तलेखों के पाठ मिलान, समान पाठों के चयन,

पाठ में भेदों की सरणि बनाने के बाद उनके पारस्परिक संबंधों का निर्धारण आरंभ किया।

जैसा कि आरंभ में ही सूचित कर आए हैं, इन चार हस्तलेखों में से बस दो ही में विस्तृत पुष्पिका है अतः दो के संबंध में ही हस्तलेख से ही विस्तृत जानकारी मिलती है। तीसरे हस्तलेख की पुष्पिका तो बस रचना के पूर्ण होने भर की ही सूचना देती है। इन तीनों से यह ज्ञात होता है कि इसमें कुल 122 छंद मूल रूप में निबद्ध थे। चौथी प्रति अपूर्ण होने के कारण पूरे छंदों का कोई संकेत नहीं दे तो। यह प्रति छंद संख्या 65 की प्रथम पंक्ति के कुछ हिस्से का पाठ देकर हीं समाप्त हो जाती है। अतः इसे 'अपूर्ण' प्रति का नाम दिया गया है। उदयराम जोशी के द्वारा प्रतिलिपि की गई प्रति में 'उदै' नाम लिखा गया है, अतः उस प्रति को 'उदै' प्रति कहा गया है। इसीतरह हरिकिशन द्वारा उतारी गई प्रति को 'हरि' प्रति नाम दिया गया। चौथी प्रति में लिखिया वग़ैरह का कोई संदर्भ नहीं है किंतु औरों की अपेक्षा इसकी लिपि अलग प्रकार की है। 'मोड़ी' लिपि में होने के कारण इसका नाम 'मोड़ी' प्रति करना ही उचित समझा गया। इसप्रकार इसमें कुल चार प्रतिलिपियों का सहारा लिया गया है–

1. उदै प्रति संवत् 1807 ज्येष्ठ शुक्ल प्रति पदा, शुक्रवार को प्रतिलिपित
2. अपूर्ण प्रति, छंद संख्या 64 तक और 65 के प्रथम चरण तक
3. हरि प्रति संवत् 1798, पौष कृष्ण चतुर्थी, बुधवार को प्रतिलिपित।
4. मोड़ी प्रति

इनमें से अपूर्ण प्रति शेष तीनों से पर्याप्त भिन्न है। उसका छंद क्रम भी अलग प्रकार का है। जैसे–

अन्य प्रतियों की छंद संख्या	अपूर्ण प्रति की छंद संख्या
07	05
08	10
09	11
10	23
11	07
12	08
13	12
14	इसका पाठ नहीं है
15	13
16	इसका पाठ नहीं है
17	22
18	14
19	15
20	16
22	20
23	24

24	25
25	नहीं है।
26	18
27	नहीं है।
28	26

इसके पाठ-भेद भी औरों से भिन्न हैं, अतः निश्चय ही यह प्रति किसी भिन्न आदर्श प्रति से उतारी गई थी, अतः यह उन शेष तीनों के वर्ग में नहीं आती।

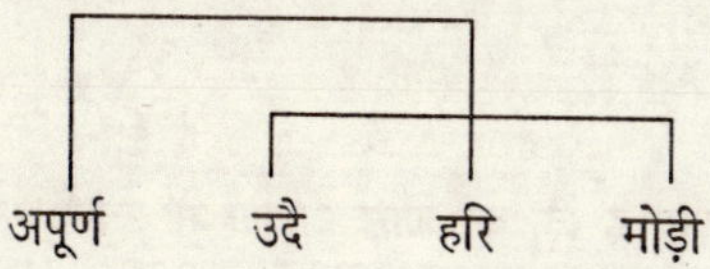

शेष तीन प्रतियों में पुनः 'उदै' कि छंद संख्या 94 से भिन्न संख्या की मिलने लगती है। जैसे कि

हरि और मोड़ी की छंद संख्या 94, 95, 96, 97, 98, 99, और 100 उदै में क्रमशः 100, 95, 96, 98, 99, 100 और 94 संख्यक है। 100वें छंद के बाद उदै प्रति में फिर 01, 02, 03 से क्रम संख्या पड़ने लगती है। यहाँ भी कुछ भिन्नता है जैसे हरि और मोड़ी के छंद संख्या 101 उदै में 110 है तो, इनके 110 के पाठ में उदै में कोई संख्या ही नहीं पड़ी है। अतः निश्चय ही 'उदै' प्रति जिस आदर्श से उतारी गई थी वह कुछ भिन्न रहा होगा। अतः स्पष्ट है कि अब पाठ विकास परंपरा कुछ इस प्रकार की रही होगी।

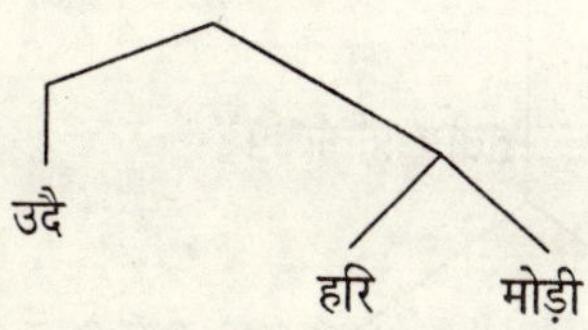

चूँकि हरि प्रति और मोड़ी प्रति में भी पर्याप्त पाठ भिन्नता है अतः निश्चय ही ये भी किसी एक प्रति से उतारी गई नहीं हैं, अपितु इनकी भी आदर्श प्रतियाँ अलग-अलग रही होंगी। जैसे

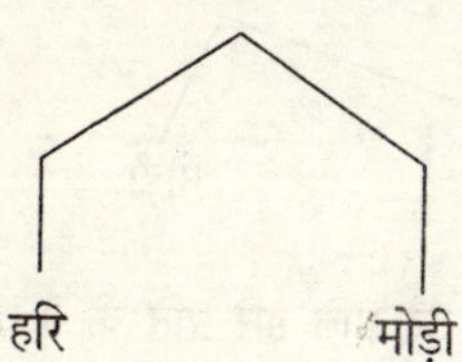

इनकी जो आदर्श प्रति थी, वह जिस आदर्श प्रति से उतारी गई थी, उसकी अपनी आदर्श प्रति संभवतः उससे उतारी गई रही होगी, जिससे कि उदै प्रति का पाठ उतारा गया था। इसप्रकार इनका विकास निम्नलिखित क्रम में हुआ होगा।

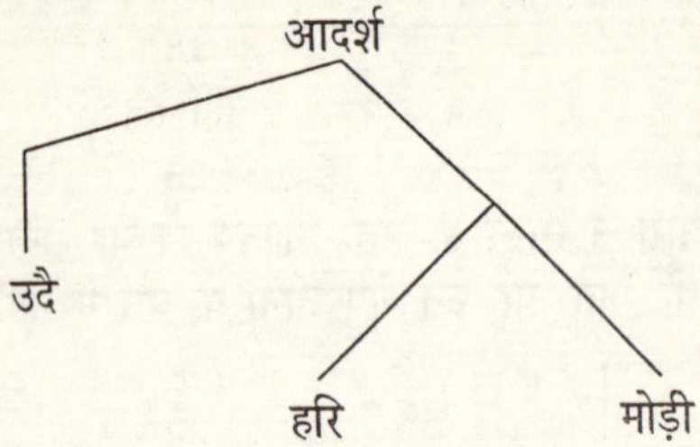

इनके मूल की जो आदर्श प्रति थी, संभव है कि वह जिस आदर्श से उतारी गई थी, उसका आदर्श अपूर्ण वाली प्रति का भी आदर्श रहा हो, जिससे की भिन्न छंदानुक्रम की वह दूसरी पाठ-परंपरा विकसित हुई। इसप्रकार सभी का समाहार करते हुए इन प्रतिलिपियों का विकास क्रम, इनके वंशवृक्षानुक्रम को निम्नलिखित रूप में स्पष्ट करता है–

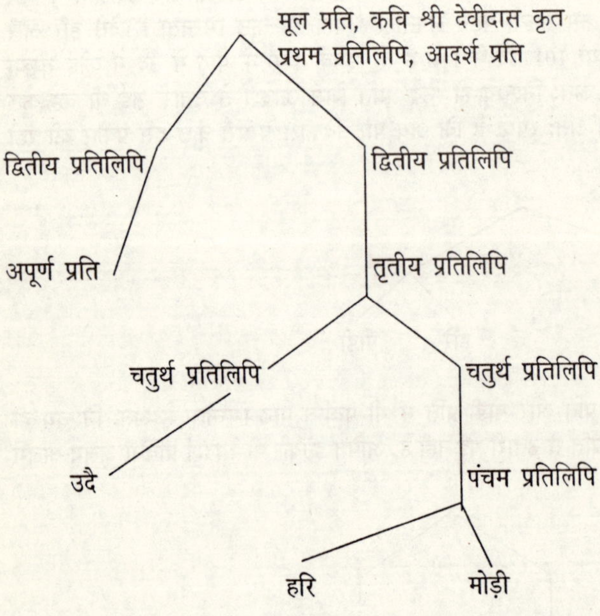

यहाँ ध्यान देने की बात है कि यद्यपि उदै प्रति हरि प्रति के 9 वर्ष बाद संवत् 1807

में उतारी गई थी, किंतु उसकी आदर्श प्रति हरि के आदर्श से पहले की चतुर्थ प्रतिलिपि परंपरा की प्रतीत होती है, जबकि संवत् 1738 में उतारी जाने पर भी हरि प्रति उसे बाद की, अर्थात् पाँचवीं पीढ़ी की परंपरा की है। अगर हम प्रत्येक पीढ़ी 10-10 वर्ष की भी माने तो मूल प्रति 50 वर्ष पूर्व लिखी गई रही होगी, अर्थात् देवीदास ने उसकी रचना और लेखन सवंत् 1741 में संपन्न किया रहा होगा।

5.1 राजनीति के कवित्त का पाठ

अब तक प्राप्त हो सके उपर्युक्त चारों हस्तलेखों के जो पाठ पूरी तरह समान हैं, उन्हें स्वीकार कर लेने में कोई कठिनाई नहीं है; परंतु जिन अंशों में इनके पाठ भेद आपस में नहीं मिलते वहाँ किसी विशेष पाठ भेद को स्वीकार किया जाए ? इसका निर्णय करने में कठिनाई है। चूँकि किसी एक का पाठ भी परिपूर्णतः स्वीकार कर लेने का कोई आधार नहीं है, अतः यह तो सिद्ध है कि इनमें से किसी भी एक प्रति के पाठ को मूल में रखा जाना संभव नहीं है। ऐसी दशा में मूल पाठ का पुनर्प्रतिष्ठापन करना ही एकमेव निदान है।

6.0 'राजनीति के कवित्त' का पाठपुनर्प्रतिष्ठापन

'राजनीति के कवित्त' स्वरूपतः एक मुक्तक रचना है। यद्यपि इसका शीर्षक इसे कवित्त मय ही बताता है, परंतु हम देखते हैं कि इसमें कवित्त के अतिरिक्त कई प्रकार के सवैये और एक कुंडलिया छंद भी है। चूँकि ये भी प्रायः सभी में है, और कवित्त के व्यापक अर्थ में इनका भी समाहार हो जाता है अतः इन्हें शामिल करते हुए ही इनका पाठ-संपादन करना उचित है। इस विधि सर्वप्रथम तो इन मुक्तकों की क्रम-व्यवस्था का काम करना है। अपूर्ण प्रति की क्रम व्यवस्था भिन्न है, किंतु आगे चलकर वह शेष से मिलने लगती है, दूसरे वह केवल चौसठ (64) छंदों तक ही पूरा पाठ दे पाती है। 'उदै' प्रति में 100 के बाद फिर 1, 2, 3 से क्रम-संख्या शुद्ध होती है, दूसरे 101 संख्यक पद 110 पर है। अतः छंद क्रम के लिए 'हरि' और 'मोड़ी' प्रति को ही आधार बनाना उचित है, जिनकी क्रम-योजना एक सी और पूरी है।

6.1 पाठ-भेदों में चूँकि उनमें से कोई भी दूसरे से पूरी तरह समानता नहीं रखती अतः उनकी वंशावली एक सी नहीं है। यद्यपि हरि और उदै के पाठ में यत्किंचित समानता दिखाई देती है, जिससे स्पष्ट है कि दो पीढ़ियों पहले ही उनकी **आदर्श प्रति** एक रही होगी। इसतरह पाठ की तीन परंपराएँ परिलक्षित होती हैं—(1) उदै प्रति की (2) हरि और मोड़ी की तथा (3) अपूर्ण प्रति की। इन तीनों के पाठ भेदों का तुलनात्मक विवेचन करने के अनंतर मैं इस निष्कर्ष पर पहुँचा हूँ कि पाठ-पुनर्प्रतिष्ठापन के लिए आधिकारिक पाठ प्राप्त करने के जो मान्य नियमों-जिनका विस्तृत विवरण मैंने अपनी पुस्तक—''साहित्य की प्रामाणिक पहचान और पाठ विज्ञज्ञन—के छठें अध्याय (पृष्ठ 118 से 134) में किया है। के आधार पर ही करना उचित होगा। संक्षेपतः (1) लघुतर पाठ (2) दुरूहतर पाठ (3) कर्णकटु पाठ (4) अप्रचलित पाठ (5) प्रथम दृष्ट्या त्रुटित जान पड़नेवाले पाठ—आदि

के आधार पर तो निश्चित करना ठीक है। तदनुरूप है मैंने समस्त पाठ-भेदों की तुलनात्मक समीक्षा कर (i) ब्रितरण मूलक साक्ष्य (ii) औत्पत्यिक या वंशानुक्रमिक साक्ष्य (iii) भौतिक उपादान निर्भर साक्ष्य और (iv) शैली वैज्ञानिक साक्ष्य का आलोचनात्मक-सयंत्र (क्रिटिकस अपरेठस) निर्माणकर, हर दृष्टि से जो पाठ सही जँचा, उसे मूल में रखा है, तथा शेष सभी हस्तलेखों के उससे भिन्न पाठ-भेदों को नीचे तत्-तत् प्रतियों का नाम देते हुए उनके समक्ष पाठ भेद अंकित किए हैं।

7.0 राजनीति के कवित्त

'राजनीति के कवित्त' को देखकर सर्वप्रथम ही जो तथ्य उजागर होता है वह यह कि यह कवि कोई नौसिखुआ नहीं था, अपितु अत्यंत ही मँजा हुआ, कुशल कारीगर और गंभीर चिंतक था। वह न तो महासेवक-सेव्य भाव का भक्त था, न धर्मोपदेशक और न तो नीति-निर्देशक; नहीं विलासप्रिय शृंगारी और नहीं चाटुकार दरबारी। समाज के आम आदमी को जिन आपदाओं को झेलने के लिए विवश होना ही पड़ता है, उन आपदाओं में बहुतेरी इस वज़ह से होती हैं कि धर्मभीरुता, भाग्यवादिता, प्राकृतिक न्याय की आशा और सही-गलत के पहचान की अज्ञानता के कारण ही उस पर आ चढ़ती हैं। देवीदास ऐसी ही आपदाओं से बचने के लिए उसे कुछ मार्ग सुझाते हैं, जिसे उन्होंने 'राजनीति के कवित्त' नाम दिया है।

7.1 'राजनीति के कवित्व' का शैली-शिल्प नाम से ज्ञात होता है कि यह कृति कवित्तों में होगी। यद्यपि कि यथार्थतः इसमें कुछ भिन्नता है। जैसे कि छंद संख्या 17, 18, 37, 66, 106, 114, 119, 120 और 121 भिन्न प्रकृति के हैं।

छंद, संख्या 17 मतगयन्द सवैया है। (7 भगण और अंत में 2 गुरु) जो 30 मात्राओं का छंद है, जिसमें एक गुरु और दो लघुमात्राओं का क्रम स्पष्ट है।

छंद, संख्या 18 किरीट सवैया जो (8 भगण) अर्थात् 32 मात्राओं का छंद है, जिसमें एक गुरु और 2 लघु का क्रम अंत तक बना हुआ है।

छंद, संख्या, 37 भी मत्तगयन्द सवैया है।

छंद, संख्या 66 भी मत्तगयन्द सवैया है।

छंद संख्या 106 कुंडलिया (छह चरणों का छंद जिसके आरंभिक दो चरण दोहे (13+11=24×2=48 मात्रा) के होते हैं। उसके बाद 2 काव्य छंद (6+(4×3=12)+6=24×2=48 मात्रा) होते हैं। इसमें पहले दोहे का पहला पद अंतिम काव्य का अंतिम पद भी होता है, तथा पहले दोहे का अंतिम चरण (6+4+1=11 मात्रा) पहले काव्य का पहला चरण होता है। अर्थात् कुंडलिया जिस शब्द से आरंभ होती है, उसी पर अंत होती है तथा उसकी दूसरी पंक्ति का अंतिम भाग तीसरी पंक्ति के पहले भाग में दुहराया जाता है।

छंद संख्या 114 पुनः मत्तगयन्द सवैया है।

छंद संख्या 119 तोटक वर्णवृत्त (जिसमें 4 सगण, 2 लघु 1 गुरु—अर्थात् 12 अक्षर पर यति होती है।)

छंद संख्या 120 पुनः मत्तगयन्द सवैया है।

छंद संख्या 121 भी मत्तगयन्द सवैया है।

इसप्रकार कुल 122 छंदों में से 9 भिन्न प्रकृति के छंद हैं। शेष 113 छंद कवित्त के हैं। परंतु कवित्त कोई एक निश्चित प्रकार का एक ही छंद नहीं होता, बल्कि दंडक के अंतर्गत के वे छंद प्रकार हैं, जिनमें वर्णों की संख्या 31 से 33 तक होती है। इसके कुल 9 भेद हैं—मनहरण, जनहरण, कलाधार, रूप धनाक्षरी, देव धनाक्षरी, जलहरण, डमरू, कृपाण और विजया। कहने को देवीदास की इस रचना का नाम 'देवी दास के कवित्त' तो है परंतु इसके सारे छंद केवल एक ढंग के कवित्त, दंडक या धनाक्षरी ही नहीं है अपितु दंडक के इन सारे ही भेदों के कुशल प्रयोग इसमें हुए हैं। इसप्रकार हम देखते हैं कि अपने जमाने के शब्द कौशल और छंदों विधान की पटुता देवीदास में परिपूर्ण रूप में भरी हुई है।

7.2 अलंकारप्रियता उस युग की एक सहज प्रवृत्ति थी। परंतु देवीदास अलंकारों के चक्कर में भी नहीं पड़े हैं। उनके लिए विचार ही मुख्य है। प्रभावशाली ढंग से अपनी बात कह दी जाए, इतना ही लक्ष्य है। बात के लिए बनाव-शृंगार की कोशिश वे नहीं करते। फिर भी उनके छंदों में भाषा का जो सहज प्रभाव है उससे शब्दालंकार या अर्थालंकार अपने आप ही उनमें चले आते हैं। जैसे—वृत्तानुप्रास—

वसुधा के बीच जो विजय चाहे तौंकू बीर
बैसन्दर बैरी व्याधि छोटो नहिं गिनिए।

(छंद सं. 7)

सरा सौ सरोज सौ सुधाकिर सौं सुक्र सौं।

(छंद सं. 28)

या फिर अन्त्यानुप्रास—

"सीस घटी जू घटी सुघटी सुघटी अब छोभ गई अवटीयै।"—छंद संख्या—121

अर्थालंकार तो प्रायः ही उनकी उक्तियों में आते ही रहते हैं। रूपकालंकार—"दौलत मिठाई तासूँ लपटे हैंलोगननि...माया यहाँ कालपी की मिसरी... ।" छंद संख्या-15 या फिर।

"संगलिए चतुरंग चमू गढ़ कोट अवास सबै विधि जोऊ।"

वीप्सा के प्रयोग भी बड़े ही प्रभावशाली हैं। जैसे—

"सदाचार लीन सब बात में प्रवीन पाये अनपाए पीन हीन।"

—छंद संख्या—21

अधिकाधिक उदाहरण देने की आवश्यकता स्वयं पाठक ही उचित नहीं समझेंगे।

7.3 'राजनीति के कवित्त' की भाषा ग्रामीण ब्रजभाषा है। बिहारी-देव-ठाकुर जैसे कवियों की नागर ब्रजभाषा यह नहीं है। इसमें ग्रामीण शब्दों के बहुतायत प्रयोग तो हैं ही, कहने का लहजा भी ग्रामीण जन सुलभ ही है।

संज्ञा शब्दों में—नीत, छोटेन, बड़े, पाइनि, सिंघ, तिनूका, मृजाद, हश्यारनि, गनका, औसर, दरजी, ढिग, माथो, गरज, अरज, स्यंघ, मुकुत, हाड़-गोड अवतारु, मातनि, पाथर,

सबदी, नकटी, लच्छि, लुगाई, वार, दारद, गढ़कोट, उरग-मुरग, दुरद, बीछा, बैस, ओड़ी, महतारी, पनिघटो, ईरिषा, सलाकई, आदि

कारक-चिन्हों एवं **विभक्ति प्रत्ययों** में भी गाँव-गिराँव में प्रयुक्त रूपों का ही अधिकाधिक प्रयोग है। जैसे—

तैं, सभानि, कौ, कूँ, कैजु, पै, सौं, को, पौ, लै, तौ, सूँ, कैं, हि (कोसहि) नै (देवनै, कर्मकारक चिह्न के रूप में विशिष्ट प्रयोग)—ई (काननि) कै (पचि कै) जु,

सर्वनाम रूपों भी यह ग्राम्य प्रयोग बहुतायत से किए हैं। जैसे—के, वय, सौ, जा, याकौ, ताकौ, जु, कौ, उतो, वाकै, जाकौ, जे, वेई, केहू, ताकौ, तोकूँ, तू, किन, ऐसी, तिनै, सौ, तेई, ताकी, जाकौ, जाही के, ताही की, आदि।

विशेषण और क्रियाविशेषण पदों के प्रयोग में भी जनसामान्य की ब्रजभाषा के रूपों की ही प्रधानता है। जैसे—भलो, छोटेन, बड़ेन, पातरे, जोलो, तोलौ, उपाधि, सीलता, कुमत, रजपूती, मैमत, तौलगि, आछी, सजी, जटी, थोरी, माहा बड़ी, ऊजरै, कुराई, पटतरौ, ढ़िग-ढ़िग, दूर-दूर, पूर-पूर, ऊजरें, चंगों, तिबरे मैं, नै-नै, नए, चटकौ, निडर, अरजी, बरजी, तूठे, साँकरे, केतौ, धौं, कहीया, गहीया, सुबुधिनि, लहनिहार, बहानिहार, कहनहार, हलबो-चलबो, पतब्रता, धूत, कूर, करकसा, दो गल (सरीर) अजस, मुखर, मूढ़ लबार, डरप, लछन, पहनसील, चहल-पहल, जोरत, तपनताई, तताई हलखाई, रूखाई, सुघर, ढीली, जतन, उदोउ, उखमारे, अटोक, गहरताई, पूरिन, चटकि, निरदेई, ओड़ी-ओड़ी, बरन-बरन, केतौ, आछो, आदरु, कूरन, धूरत, गरुरन, तातकी, गढ़ेवासु, बेरुख, बिरलौ, जगपूज, दुकाल, पूतवारे, सलाकई, आड़ें, पियासे, निकुंराइ, डहकेन, क्वांरी, तातौ-सीरौ, रुरे, लजीलो, पगार, अडिग, ढीलौ, काठौ, छपायौ, भाग्यो-भाग्यौ, रीझ, डरारे, गरारे, धूसर, मिस, लछन, आछे, निधरक, तातौ, रातौ, विषयी, सुलटी, गाढ़, आदि।

क्रियापदों के प्रयोग में भी यह विशिष्टता दिखाई देती है। जैसे—ढारिबो, पारिबौ, राखै, निपनियै, हनिये, छकाई, मारबौ, पोषबो, पारिबौ, फरवैगौ, तुरावैगो, दुरबे, ढरबे, कढाय, छिलाय, सराय, उपटाय, पारे, बन्यौ, अहेरिहै, निबेरहै, भाइयतु, छाइयतु, बाहिये, निबाहिये, भाख्यौ, कूँवापरौ, बोरे है, गहयौ, भरतु, डोलियतु, भरलै, हलिगौ, लुटाइयतु, तकै, बकै, सकै, सिराइयै, डहक्यौ, गहक्यौ, अँकरावनो, देइगौ, लड़ावे, जकरे, चूरिहै, बिसूरिहैं, बहकायवौ, दुण्यबौ, छिड़ाय लेत, उचकाइ, बैठबो, छीजियै, चिचात है, ह्वेव कै, अघाइहै, लहनौ, दहनौ, उसरतु है, पसरतु है, गसियै, नसियै, टरि सकै, काठौ है, ओड़ियौ, चढ़ाए, डोलै, आदरैगों, बिललात है, उफारे, गुनियै, खोयौ, रलैगी, हलैगी, लहलाइबो, ढहै, पर्‍यौ, रूखनौ, दरेरिमारे, अहटात है, तकौ, बरताई देत, छिटकाय, गाढ़ पर्‍यो, धरै, इत्यादि।

7.4 'राजनीति के कवित्त' में **मुहावरों और लोकोक्तियाँ** के प्रयोग की एक विलक्षण विशेषता दिखाई देती है। देवीदास ने प्रचलित मुहावरों के छंदों में बड़े सटीक प्रयोग तो किए ही हैं, कुछ ऐसे बद-बंध रचकर ऐसे व्यवस्थित किए हैं कि वे भी बड़े ही प्रभावशाली मुहावरे बन गए हैं। उनकी मुहावरे और मुहावरे जैसे रवानगी के कुछ पदबंधों के उदाहरण निम्नलिखित हैं। जैसे—"चार धरीरात रहे इतनी बिचारबो" (छंद 2 और 3) बोल काजे बोलता पुरुष जान देत हैं। (छं. सं. 5) बैसन्दर, बैरी, व्याध छोटो नहिं गिनिए (7) बैर

वारे कबहू असावधान होत हैं, ? (11) जग में जो बसिए तो हँसिए न काहू देवी। (16) आखरिन थोरी और अर्थकरि महाबड़ी। (19) कैसे कूकर पै निनहैगो सांग सारदूल को। (24) सवाई दै बिदा करौ 2) हित के कहनहार थोरे हैं। (35) दिखारो किए कुछ हाथ न आवै। (37) तू तौ तेरे बासन समान पानी भर लै। (40) ढीली चोली देख सूकी नार हीय को न खोजै दरजीहि दोष देत है। (51) मित्र के घर मैं धरनी सों मिलि बैठिए न। 58) छेरी के गरे को थन दूध कौ न मूत कौ (70 ठौर है निठौहरे कूँ। (93) कविन के बोलन को मोल को करि सकै। (95) तजे राजनीति करै गाजै अनीत। (102) कठिन है ठाकुर कौ कीरत चलाइबौ। (108) दाँत काढ़ दीने (109) दाँतन मैं जीभ जैसे तैसो भाँत रहिए। (111) जाही के तौ चाकर हौ ताही की लुगाई तकौ। (118)

8.0 देवीदास की आस्था

'राजनीति के कवित्त' की रचना करते हुए भी कवि देवीदास की आस्था के स्वर भी इसमें जहाँ-तहाँ मुखरित हुए हैं। निश्चय ही बहुत कम मात्रा में, क्योंकि भक्ति कालीन साहित्य की तरह इसमें आस्थागत प्रमुखता का अवकाश नहीं था। देवीदास के काल के अति शृंगारपरायण कवियों ने भी समय-समय पर अपनी आस्थाओं का इज़हार किया ही है। देवीदास देवी-देवताओं के प्रति अत्यधिक समर्पित नहीं हैं, बल्कि दीन-दुखी मनुष्य की पीड़ा को दूर करने में उनकी कोई रुचि न होने की बात तक वे बेलौस कह जाते हैं :–

देव नै दरद नाहिं दया देवतरु कुं न
　　काम कामधेनु कौ न यहै निरधारु है।
पारिजात कौ न पीर, चिन्ता चिन्तामनि कौ न
　　और कौन ऐसो तीन लोक में उदारु है ?

फिर भी वे वेद निन्दक नास्तिक नहीं हैं, और न तो निरीश्वरवादी ही हैं। सामान्यतः खेती-बारी प्रधान ग्रामीण पृष्ठभूमि में निवास करने के कारण वे प्रकृति देवताओं के प्रति ही अधिक श्रद्धावान हैं। खेती को जीवन दान देनेवाली वर्षा के देवता मेघराज बादल के प्रति तो वे अत्यंत ही अनुगृहीत हैं–

देवीदास कहैं धन्य परजन देव
　　जग जाइबै कौ मेरे जान तेरे सिर भारु है।

यहाँ यह लक्ष्य करने योग्य है कि धार्मिक विश्वासों के अनुसार बादलों के स्वामी इंद्र का नाम वे कहीं नहीं लेते। वे तो बस पानी बरसानेवाले बादल को ही देवता मानते हैं।

8.1 पानी को तरसते जग की ओर से वे बादल से बराबर बिनती करते हैं। चातक के बच्चे को उसकी मेघ मन्द्रित ध्वनि भर सुना देने की भी प्रार्थना करते हैं–

देवीदास चातक के जातक को दयाहीन
　　आपनी मधुर मेघ-धुनि तो सुनाइरे।

संसार की वनस्पतियों के प्राण सूखते देख मेघराज द्रवित होकर जो पानी बरसाते

हैं उन्हीं की बदौलत तो सारे संसार का जीवन चक्र चलता है।

देवीदास करु परायन परमदान
पालक पयोद एक तेरो परताप है।

प्रचंड गर्मी के सताए भाँति-भाँति के जीव अपनी रक्षा में इतने आकुल व्याकुल थे कि मछली, मेढ़क, केकड़े जैसे जीव गहरे गड्ढे खोद-खोद भी जब जल की सरसता नहीं पा रहे थे कि ऐसी जलहीन धरती पर कुछ ही क्षणों में मेघ महाराज ने ऐसी कृपा कर दी कि ताल-तलैया ऐसी भर गईं कि हाथी भी उसके पानी की थाह लगाता-लगाता थक गया है।

पानी को भट भटात भेकु जामै डोलत है
× × ×
ताही मैं मतंग माते थाह अवगाहतु है
पल माहि ऐसी कीन्हो महाराज मेह नै।

इन प्रकृति देवताओं के अतिरिक्त एकाध जगह राम के नाम का भी उल्लेख हो गया है, यद्यपि कि वहाँ श्रद्धा-भक्ति भाव व्यक्त करने की अपेक्षा वे लोक-व्यवहार शिक्षा के लिए ही उदाहरण स्वरूप उल्लेख करते हैं—

ऐरे भैया राम के हौ, रामकी तौ छिटकाय
राम की लुगाई से तौ प्रीत करिबौ कहा ?

कुछ इसी तरह के प्रसंग में 'हरि' का भी स्मरण करते हैं।

"हरि हेत लगै तब जानियै जौ
विष बेल लगे फल अमृत कै।।"

हिंदू धर्म में मान्य भगवान के दशावतारों में से एक मात्र नृसिंहावतार के प्रति उनकी श्रद्धा स्पष्ट रूप से व्यंजित हुई है; 'राजनीति के कवित्त' के अंतिम छंद में, संभवतः सुमधुर समाप्ति करने के उद्देश्य से। जहाँ वे इस अवतार की इसलिए विशेष बड़ाई करते हैं कि भक्त की रक्षा हेतु वे पत्थर का पेट चीरकर अवतरित हुए थे—

प्रहलाद हेत जान नाथर के बाँधे आप
पाथर के पेट मैं ते अवतार लीनो है।

जहाँ तक मुक्ति पाने की इच्छा का प्रश्न है, देवीदास की उसमें कोई अभिरुचि नहीं। लोकजीवन सुख संपन्न रहे, तो इतना ही उनके लिए पर्याप्त है।

देवीदास एते गुन पाइयै जो जग में तौ
सुनसान मुकुति कूँ दूर ते प्रनामु है।

9.0 कवि श्री देवीदास का निवास स्थान

'राजनीति के कवित्त' रचना में कहीं भी कवि के निवास स्थान पर कोई टिप्पणी नहीं है। अतएव भाषा-विशेषकर, ग्रामीण परिवेश में प्रचलित ऐसी देशज शब्दावली और मुहावरे आदि जो एक सीमित क्षेत्र के घेरे में ही प्रयुक्त होते हैं, उन्हीं के आधार पर कुछ अनुमान लगाए जा सकते हैं। इस दृष्टि से ब्रज क्षेत्र के दक्षिण पश्चिमी अंचल, धौलपुर, ग्वालियर,

दतिया, झांसी, ओरछा तक के क्षेत्र चिह्नांकित किए जा सकते हैं। अंतःसाक्ष्य के रूप में केवल एक छंद में बस इतना भर उल्लेख है कि किसी देशी राजा की राजधानी के पड़ोस में ही उनका निवास स्थान था। जाति के वे ब्राह्मण और स्वभाव के भोले-भाले थे। वैसे इस कथन में भी उनकी जो भावभंगिमा है वह एक दृढ़, मनस्वी स्वाभिमानी की है, जो अपने निवास स्थान के निकट के राजा की अनीति सहने को कतई तैयार नहीं है और इसे डंके की चोट कहता भी है—

नाहिन अनीति के सहनहार हम तेरी
पौर के रहनहार बाभन हैं, भोरे हैं।

उपमान-उपमेय, दृष्टांत उदाहरण के क्रम में एक छंद में वे कालपी की मिश्री के कूँजों का उदाहरण देते हैं।

माया यहाँ कालपी की मिसरी को कूँजा ताहि
बाँटि छानि पीवैगो सो भलोई कहावैगो।
देवीदास याहि बिनु बाँट खायौ चाहै सुतौ
दाँतनि तुरावैगो के गालाहि फरावैगो।।

कालपी की मिश्री के कूँजा की यह विशेषता कि "अगर उसे कूट-काट बाँट-छाँट पीसकर शर्बत के रूप में न पीकर सीधे-सीधे पूरी की पूरी दाँत से काटकर खाने की कोशिश करोगे तो या तो दाँत ही टूट जाएँगे या गाल ही फट जाएगा।"—की प्रसिद्धि निश्चय ही बहुत दूर-देशांतर तक तो रही नहीं होगी। अतः जान पड़ता है कि इसकी प्रसिद्धि के घेरे, अर्थात्, कालपी-ओरछा-झाँसी-दतिया-ग्वालियर के आसपास ही कहीं कवि का निवास स्थान था।

10.0 देवीदास का देखा हुआ समाज

'राजनीति के कवित्त' के रचयिता कवि श्री देवीदास ने जो समसामयिक समाज देखा था, उसके अनेक विवरण उनकी इस रचना में जगह-जगह दिखाई देते हैं। राजनीति की चर्चा के कारण सबसे पहली दृष्टि तो राजाओं-रजवाड़ों की स्थिति की ओर ही जाती है। जिनके बारे में उनके विचार बहुत स्पष्ट हैं।

जैसे— "मूढ़ नृप जो जा प्रजाहि मारि खायौ चाहै।
× × ×
राजन कूँ पारिनौ प्रजा अजा समान है। (14)

प्रजा बेचारी तो एक सीधी सादी बकरी के समान है। अगर उसे मारकर खाते रहने में ही राजा की दिलचस्पी है तो देवीदास के अनुसार ऐसा राजा तो महामूर्ख है।

राजा अगर मंत्री द्वारा दिए गए परामर्श में से सार-सार का ग्रहण करनेवाला है तब तो वह प्रसिद्ध महाप्रतापी राजा कहलाने लायक है, नहीं तो निश्चय ही विपत्ति को आमंत्रण देनेवाला है।

राजा होय, सार कौ गहैया हो तो जोरावर नामी है। ना तर नृपति वै विपत्ति ही कौ कामी और मंत्री वह निहचै नरक ही कौ गामी है। (34)

उनके जमाने के राजा-महाराजा-सामंत अपने दरबारों में जैसे भाँति-भाँति की चीज़ों का संग्रह और प्रदर्शन करते थे उसी तरह कवियों को भी दरबार में बुलाकर उनकी कविताओं का दंगल सा रचाते थे और एक-एक कवि को बुला-बुलाकर औरों की कविताई को नीचा दिखा सकनेवाली कविता सुनाने को ललकारते रहते थे।

लेहु पट पढ़ौ जु पढ़ौ जु पै लड़ावै भूप। (त्रेसठ)

ऐसे लड़वानेवाले राजाओं के दरबार में कविता सुनाने की अपेक्षा अपनी जीभ जकड़े रहना ही वे अधिक अच्छा समझते थे। केवल कौवे जैसी प्रवृत्तिवाले कवि ही काँव-काँव करते ऐसे दरबारों में आसन जमाते हैं स्वाभिमानी कवि को भले ही सम्मान न मिले परंतु वह तो ऐसे दरबारों में कविता पढ़ने से रहा।

"कहा भयो काहू जौ कियौ न सनमान कोऊ
पढ़ौ या कहै न तौ रहै जे जीभ जकरे।
काक से कुकवि हैं कुजाइ गहि बैठे तो वे।
कानन सँताइबे कुँ काँइ-काँइ न करे।। (63)

यूँ वे इन राजाओं-शाहजादाओं की भी आंतरिक स्थिति से बखूबी परिचित थे। इनकी धन संपत्ति, शान-शौकत को वे ऊपर से चढ़ाया गया मुलम्मा-या कलई ही समझते हैं।

राजा राव उमराव रायजादे शाहजादे
देशपति महीपति दौलत चढ़ाई है।
× × ×
देवीदास ऐते सब दुखहि के भाजन हैं
ऊपर ते सुखकी नैकु कलई चढ़ाई है। (86)

देवीदास ने देखा था कि उनके जमाने के राजाओं ने राजनीति करना तो छोड़ ही दिया था, उसकी जगह अनीति करने में ही वे अधिक दिलचस्पी लेते थे। वे अपने दाएँ-बाएँ, हित-अहित की पहचान भी खो बैठे हैं।

तजै राजनीति करे गाजत अनीति। (102)

प्रजा के हित की चिंता छोड़, सबसे असम्पृक्त होकर, यथार्थ की कठिनाइयों से आँख मूँदे, गावतकिया पर सिर रखे बस अपने सुख के संसार में डूबे रहते हैं।

"ऊँचौ मुँह कियैं गाउ तकिया सौं टिकि बैठो
सबसूँ अलेप बिना नेह मुँह रुखनो।"

ऐसे तेज-त्यागहीन राजा को वे प्रजा का पालनहार ठाकुर (स्वामी) मानने की जगह महा संकटकारी ही मानते हैं।

देवीदास तेग त्यागहीन सब भाँत बन्यौ
कहिये बिचार यह ठाकुर कि दूषनौ। (115)

10.1 स्वाभाविक रूप से ही देवीदास की दृष्टि दरबारों से जुड़े कवियों की ओर भी पड़ी है। परंतु चूँकि उनके प्रति उन्हें विशेष श्रद्धा नहीं है अतः वे स्वतंत्र अभिरुचिवाले कवियों की ही सराहना करते हैं भले ही उन्हें राजाओं के दरबार में नहीं बुलाया जाता अथवा बुला लेने पर भी उन्हें सम्मान नहीं दिया जाता। बल्कि जो ऐसे कुकवि हैं जिनकी

कविता सुनकर कान दुखने लगते हैं, जंगल में कुहराम मचानेवाले कौओं से जो काँय-काँय करते रहते हैं, दरबारों में उन्हें ही ऊँचा पद दिया जाता है। सम्मानित किया जाता है। इस सबकी देवीदास कोई परवाह नहीं करते। वे तो कवि की ऐसी वाणी को ही वेद के मंत्रों सी मर्यादा देते हैं जो–

औसर जुँ सनी आछी, दक्षता की छवि लियै, जुक्ति सूँजटी, ×××× साँच सूँ सजी, आखरिन थोरी और अर्थकरि महाबड़ी, और कौ हितू ×× वेद की सी बानी बात सोई कहावत है। (19)

राजाओं की इच्छा के अनुरूप, उन्हें अच्छी लगनेवाली कविता सुनानेवालों की उनके जमाने में भारी भीड़ थी, परंतु उन राज दरबारों में भी सचमुच उन राजाओं के हित की बात, प्रजा के कल्याण की बात सोचने और कहनेवालों की संख्या बहुत ही कम बँच रही थी–

"राजन के चित्त के कहिनहार घने पर
देवीदास हित के कहनहार थोरे हैं।" (35)

वे इस तथ्य से भी परिचित थे कि राज दरबारों में भी कुछ बहुत ही श्रेष्ठ कवि भी थे। उनकी वाणी भी मधुर थी और उनकी कविता की भावना भी उत्कृष्ट थी परंतु उसे सुनकर समझ पाने की क्षमता उन राजाओं-सामंतों में कतई नहीं थी, परिणामस्वरूप वे उनकी कविताओं में ही खोट निकालने लगते थे।

"काहू कविराज की आवाज़ है अमृत रूप, जामै भारी भारती के कलोल मोल लेत हैं। ताहि सुन कूर कहै हुतौ मूर समझ्यौ न निज दोष और माहि देवे कौ सचेत है।" (51)

ऐसे गुणी-ज्ञानी कवियों को देवीदास ढाँढस बँधाते हैं।

"एरे गुनी गुन पाइ, चातुरी निपुन पाइ, कीजिए न मैलो मन × × × ×।"(62)

अच्छी कविता के गुणों पर तो वे लट्टू हैं। उन्हें विश्वास है कि श्रेष्ठ कविता का समादर समाज में तो होगा ही। परिस्थितिवश ऐसा कवि अगर किसी गुणी राजा के राजदरबार में भी जा पहुँचे तो उसकी कविता सुनकर राजा की दृष्टि भी उसकी ओर अवश्य ही आ लगेगी।–"भारती के पूरे, रुरे, ऊजरे अनेक गुनी जिन्है देखि राजनि की दीठ न टरि सके, अरथ के समुदाइ × × × काननि प्रकाश खरे खासे मुकुता से इनि, कविन के बोलन के मोल को करि सके। (95) कवि के हृदय रूपी सीपी से निकले मोती से महमूल्य इन वचनों को, कान में लगे मोती के आभूषणों से कान की बाहरी शोभा बढ़ाते हैं, उसतरह कान से सुनकर आंतरिक शोभा बढ़ानेवाली कवि की वाणी का मोल भला कौन कर सकता है ?

10.2 देवीदास की दृष्टि फिर उस साधारण जनता की ओर जाती है जो जहाँ एक ओर राजनीतिज्ञों की गलत नीतियों के कारण सताई जा रही है, वहाँ अकाल-दुकाल के प्राकृतिक प्रकोपों की मार सहते हुए किसी-किसी तरह मरा-मरा-सा जीवन बिताने को विवश है। इस समाज के अपने अंदर भी छली-कपटी-धोखेबाज, धनकृपाण महाकंजूस लोगों की नाना तरह की भावनाओं के कारण भी उसके दुखों की मार और भी भारी

होती जाती है। इसी दुखी-दीन जनता के दुख दूर करने की चेष्टा में ही वे अपनी कविता के छंद-बंद जोड़ते हैं। यह सचमुच ही अत्याश्चर्य की बात है कि आज की इतनी विकसित सभ्यता के युग में हम समाज में जितने तरह के मनुष्यों को देख पा रहे हैं, उतने प्रकार के मनुष्यों से उनका परिचय उसी युग में हो गया था। उनमें से कुछ विशिष्ट का उल्लेख उनके इन कवित्तों में भी मिलता है। जैसे कि सत्य को शिरोधार्य कर जीनेवाले सरल मनुष्यों की संख्या बहुत ही कम रह गई थी।

"साँच सिर लिए बिरले सरल देवीदास।"

समाज में अहित चाहनेवाले शत्रुओं की संख्या इतनी अधिक हो गई थी कि उनसे निरंतर सावधान रहने की सीख उन्हें देनी पड़ी थी। समाज में भुखमरी ऐसी फैली थी कि भूखे आदमियों की मान-मर्यादा लुटती चली जा रही थी।

"भूख ते मृजाद जाई"

10.3 ऐसे अनेक घर थे जहाँ दिए में बाती जलाने के लिए तेल तक नसीब नहीं था। विपत्ति के बादल चारों ओर से ऐसे घनघोर रूप में घिर आते थे कि गृहस्थ अपने होश-हवास खो बैठते थे। राजा लोगों को जहाँ अपनी प्रजा को निरीह बकरी मानकर उनकी हर विधि से रक्षा करनी चाहिए थी, जहाँ राजा ही प्रजा को चूसते जा रहे थे। संपत्ति का लोभ लोगों में ऐसा प्रचंड हो गया था कि ज़रा से धन पर लोग मक्खी की तरह धिरकर भिनभिनाने लगते थे। उधर समाज में ऐसे लोग भी काफी थे जो दूसरों की कमज़ोरियों का लेखा-जोखा लगाते उनकी हँसी उड़ाने की ही फिक्र में लगे रहते थे। घनिष्ठ से घनिष्ठ मित्र की अनमोल मित्रता को भी लोग बड़ी निर्दयता से तोड़ देते थे। समाज में ऐसे लोगों की संख्या अधिक हो गई थी जो अपना सबकुछ नष्ट करके भी दूसरे का विनाश करने में प्रवृत्त रहते थे। देवीदास ऐसे लोगों की उपमा सन-पटुआ से देते हैं जो अपनी छाल सड़वाकर उखड़वाकर भी रस्सी बनवाकर दूसरों के बंधन का कारण बनने में ही सुख का अनुभव करते थे। वैसे कुछ ऐसे बिरले लोग भी थे जो दर्जी की सूई और डोरे की भाँति कपड़े के छिद्र को पैबंद से जोड़कर उसे ढँक देते थे।

अपने आपके गुमान में भरे ऐसे दंभी लोग भी थे जो कुएँ के मेढ़क की भाँति अपने सीमित घेरे को ही संसार मानते थें और उसी में अपने आपको सर्वश्रेष्ठ मानने का भ्रम पाले हुए थे। कुछ ऐसे नाटकबाज भी थे जो सिंह बने फिरते थे, पर शत्रु का सामना होते ही कुत्ता बनकर पूँछ दबाए भागने लगते थे। कुछ बगुले हंस बनने का दिखावा करते समाज में वाहवाही लूट रहे थे। कुछ बेचारे जो सभी की सहायता करते थे, उन्हें सभी मिलकर ऐसा लूटते थे कि चौराहे के बट वृक्ष की भाँति उसकी छाल तक नोच डालते थे।

10.4 समाज के उस अंग की—जहाँ मालिक के घर नौकर रखने का रिवाज था, उसकी दशा भी दोनों ओर से शोचनीय हो गई थी। एक ओर जहाँ अच्छे मालिक को विश्वासपरायण नौकर नहीं मिलते थे, तो अच्छे नौकर को महा मलेच्छ मालिक मिल जाता था। इसतरह जहाँ भलेमानस नौकर के लिए मालिक प्रार्थना करते फिरते थे, वहीं अच्छा मालिक पाने के लिए नौकर भी दुआएँ करते रहते थे। राजदरबारों में ऐसे भी

ईमानदार सेवक थे, जो बस समुचित सम्मान चाहते थे। सम्मान अगर मिले, तो मालिक के लिए प्राण तक न्यौछावर कर देने में उन्हें तनिक हिचक नहीं होती थी। तो दूसरी और रजवाड़ों, दरबारों और अमीरों के घरानो में ऐसे चाकरों की भी कमी नहीं थी जो जब भी सामने आते अपनी मुर्दानी सूरत बनाकर ही आते। चौबीसों घंटे भूखे ही रहते, जो भी पाते चटकर जाते और जब कोई काम करना आवश्यक हो जाता, तो नाना तरह की बीमारियों का बहाना बना फूट पड़ते थे। या मौका देखकर स्वामी का सर्वस्व लूटकर चंपत हो जाते थे। कुछ मंत्री भी ऐसे थे जो जानबूझकर अपने राजा को ऐसी मंत्रणा देते थे जिससे उसका विनाश हो जाए और उसके सर्वस्व पर वे खुद कब्जा कर लें, या शत्रु पक्ष को लाकर उसकी जगह बिठा दें। पूरे समाज की हालत ऐसी हो गई थी कि प्रिय बोल-बोलकर, सबकुछ नष्ट करवा देनेवाले तो बहुत थे, परंतु अप्रिय बोलकर हित की चिंता करनेवाले कदाचित् ही कहीं मिल पा रहे थे। दिखावट का बोलबाला इतना था कि देवीदास को ऐसे धोखेबाजों को फटकार भी सुनानी पड़ गई थी–

"देवी कहै यो सुजान सुनौ,
सु दिखारो किए कुछ हाथ न आवै।"

10.5 समाज में झूठ का प्रताप बढ़ गया था फिर भी सत्य के प्रतिलोगों में समादर का भाव था। धन-संपत्ति और प्रशासन क्षमता हथियाने की होड़ सी लगी थी। कोई भी अपनी स्थिति से संतुष्ट नहीं था। कुछ घरों की स्थिति तो यहाँ तक पहुँच गई थी देवीदास यह कहने को मज़बूर हो गए थे, कि उनकी दुर्दशा के मुकाबले तो नर्क के प्राणी ही अधिक सुखी और क्षमतावान कहे जा सकते हैं। बहुत ही नीच प्रकृति के खानदान में जन्मे, नाना प्रकार के रोगों से ग्रस्त शरीर का बोझ ढोते, अपने बेटे भी जिन्हें कदम-कदम पर दुख पहुँचाते थे, माँ, पास-पड़ोस से झगड़े ही बढ़ाती रहती, पत्नी महाकर्कशा स्वभाव की, दूसरों की सेवा में जीवन बिताने की मज़बूरी जैसी स्थितियों के कारण उनका जीवन तो नर्क से भी गया गुजरा था। ऐसे भी लोगों की संख्या काफी थी जो अच्छे-भले सीधे-सादे लोगों पर तरह-तरह के इल्जाम लगाते फिरते थे।

परिवारों, शासकीय कार्यालयों, राजदरबारों, सामंतों में की महफिलों, खेत-खलिहानों में दूसरों की नौकरी-चाकरी करके जीवन गुजारनेवाले वर्ग की हालत बहुत ही चिंता जनक थी। बेचारे डर के मारे अपने कुछ विचार व्यक्त न करें तो गूँगे समझे जाएँ, बोल दें तो लबार कहलाएँ, करीब बैठें तो अशिष्ट और ढींठे कहलाएँ, दूर-दूर रहें तो काम से जी चतुरानेवाले कहे जायँ, अत्याचार करनेवालों को क्षमा करें तो, डरपोक स्यार कहलाएँ, बराबरी कर बैठें तो महादुष्ट माने जाएँ। बेचारों को किसी भी रूप में किसी प्रकार छूट पाने का कोई उपाय नहीं। "देवी दास कहैं जे पराए भाए चाकर हैं ते बिचारे कहौ कौन भाँति कै सुख लहैं ?"

दूसरी ओर कुछ महामक्खीचूस धनाढ्य ऐसे थे जो "देई नाहिं, खाई नाहिं, जोरत अघाई नाहिं"–वाले तो थे ही, स्वयं उन पर जो भयानक कष्ट पड़ते हैं, उनसे छुटकारा पाने के लिए भी एक पैसा खर्च नहीं करते थे।

ठीक इसीतरह के कुछ नपुंसक लोग थे, जिन्हें स्त्रियों की सुंदरता और हाव-भाव

किसी भी प्रकार लुभा नहीं पाते थे। यहाँ यह बात बहुत गौर करने की है जिस जमाने में कवि गण स्त्रियों के नख-से शिख तक के श्रृंगार, हाव-भाव-हेला की चर्चा करते नहीं थकते थे, उस जमाने में देवीदास बस़ ऐसी ही स्त्री की ओर संकते करते हैं, कुपोषण और गरीबी की मार से जिसका शरीर ठठरी भर रह गया है, परिणामस्वरूप कोई भी चोली उसे ढीली ही पड़ जाती थी।

10.6 दरिद्रता का दावानल लोगों को चारों आरे से घेरकर जलाता जा रहा था। गृहस्थ इतना असमर्थ हो गया था कि उसके अपने अतिथि तक निराश हो लौट जाते थे, भिखमंगे बिना भीख पाए ही वापस लौट जाते थे।

राजा ऐसे हो रहे थे, जिन्हें गुण की कोई परख ही नहीं थी। कुछ धनी मानी ऐसे भी थे जिनसे कुछ सहायता की आशा लिए लोग उनके पास जाते थे, परंतु वे किसी की भी कोई सहायता नहीं करते थे। देवीदास ने ऐसे लोगों के सारे वैभव को सेमल के फूल की तरह निरा खोखला और नीरस बतलाया है। कुछ बल-पौरुष वाले भी ऐसे थे कि अत्याचारियों से रक्षा पाने के लिए लोग उनके पास जाते थे परंतु वे उनकी सहायता को हाथ नहीं बढ़ाते थे। ऐसे लोगों से खीझकर देवीदास कह उठते हैं–

"धिंक तोंय, तोकूँ, तेरी इतनी बड़ाई कूँ।"

कुछ दगाबाज ऐसे भी थे जो अपनी मित्र की अनुपस्थिति का लाभ उठाकर उनकी पत्नियों पर बुरी नज़र डालते थे। दुकानदार, पैसेवाले तो ऐसे मोह-माया हीन हो गए थे कि दुखी मनुष्य कुछ माँगने पहुँचता तो कोई और ही काम करने लग जाते, कहते; बाबा आगे बढ़ो, हाथ खली नहीं है। ज्ञानी-गुनी कवियों को राजे-महाराजे दरबारों में मुर्गों की लड़ाई की तरह कविताई की लड़ाई लड़ाकर अपना मनोरंजन करते थे।

प्रायः ही राज्य में अकाल पड़ जाता था, जब सभी जीव, वनस्पतियाँ, जलचर-थलचर सभी एक-एक बूँद पानी को तड़फड़ाने लगते थे। उतनी दारुण स्थिति झेल लेने पर जब कभी पानी पड़ जाता, लोगों में नए प्राण आ जाते थे। देवीदास तो इसीलिए सबसे बड़ा देवता बादल को ही मानते थे। बाकी किसी देवता में गरीबों का हित करने की कोई ललक वे नहीं देखते।

दगाबाजों-धोखेबाजों से समाज ऐसा भर गया था कि देवीदास को बार-बार गिनाना पड़ता है कि अगर दुनिया में सुख पाना चाहते हो तो ऐसे-ऐसे लोगों से मित्रता मत करना।

उधर ज्ञानी-गुणी समाज में भी पारस्परिक ईर्ष्या बहुत थी। अगर किसी एक को सम्मान मिलता, तो दूसरे हर प्रकार से कोशिश करते कि किसतरह वह अपमानित हो जाए। वैसे समाज में ऐसे लोग भी थे जो किसी को भी किसी प्रकार का कष्ट नहीं देते थे। पूरी तरह से प्रकृति पर निर्भर थे। जो कुछ प्रकृति से मिल जाता, उसी से गुजारा करके प्रसन्न चित्त रहते थे। कुछ ऐसे भी थे जो लाख दुख सहकर भी उसे किसी प्रकार व्यक्त नहीं होने देते थे। हृदय का दुख मुँह से निकलने-निकलने को होता, तो भी उसे फिर पेट की ओर लौटा देते थे। कुछ माता-पिताओं की संताने ऐसी निठल्लू हो गई थीं, ऐसी कायर, ऐसी अकर्मण्य हो गईं थीं, कि उनकी माताएँ पुत्रवती होकर भी बाँझ जैसी ही हो गई थीं।

लाज शर्म की लाज रखनेवालों, शरण में आए हुओं की रक्षा करनेवालों, बड़े-बूढ़ों के प्रति आदर सम्मान और श्रद्धा रखनेवालों, युद्ध में वीरता दिखानेवालों, दीन-दुखियों को दान देनेवालों, खून की गर्मी और तेज के प्रताप से युक्त रहनेवालों, भलाई करनेवालों, मित्रता का निर्वाह करनेवालों का उस समाज में भयंकर अभाव हो गया था।

10.7 सामान्य गृहस्थ की दशा ऐसी थी कि जब वह अपनी इच्छा के अनुरूप कोई कार्य करना चाहता था तो उसके मनोनुकुल परिस्थितियाँ नहीं मिलती थीं। जब परिस्थितियों से समझौता करना चाहता था, तो वे इतनी आगे बढ़ चुकी होती थीं, कि उसकी पकड़ में ही नहीं आती थीं। राजनीति ऐसी गंदी हो गई थी, उसे अनीति कहना ही उचित लगता था। बलवान लोग अपनी मन-मर्जी के मुताबिक प्रजा पर जुल्म ढाते थे। कोई नियम कानून न रहकर उनकी इच्छाएँ ही कानून बन गई थीं।

पढ़ाई-लिखाई का वातावरण बहुत कमज़ोर था। समाज में मूर्खों-महामूर्खों की संख्या बहुत बढ़ गई थी, जिन्हें समझ पाना अति कठिन था। भले आदमियों को अपना जीवन दाँतों के बीच पड़ी जीभ की तरह से बिताना पड़ता था, अन्यथा चारों ओर से दबा दिए जाने, काट दिए जाने का खतरा था। छल-छद्म का ऐसा माहौल था कि शिकारी कौवे को भी चकमा दे-देकर मार दिया करते थे। कुछ धर्मोपदेशक अवश्य थे, जो समाज को सुधारने की कोशिश करते थे। लोगों की भली संगत में रहने को प्रेरित करते थे। कमज़ोर वर्ग के लोगों का शारीरिक स्वास्थ्य बहुत ही खराब रहता था। कुछ तो ऐसे थे जो मूँग की दाल तक नहीं पचा पाते थे। घरों में ऐसे भी नौकर थे जो अपने मालिक की पत्नी पर ही बुरी दृष्टि डालते थे।

11.0 एक ऐसे युग-जमाने में, एक ऐसे समाज में, सभी के साथ घुल-मिलकर रहनेवाले कवि देवीदास निश्चय ही उस युग के दूसरे कवियों से तो अति विशिष्ट थे ही। यह जानते हुए भी उस जमाने में राजदरबारों में कविताएँ पढ़-पढ़कर लोग असीमित धन और प्रतिष्ठा प्राप्त कर रहे हैं, फिर भी उन सबका मोह न कर वे स्वाभिमान की रक्षा को ही सर्वोपरि समझते थे। गुण हीन राजा चाहे लाख दे-दे, परंतु वे उन्हें कविताएँ सुनाने की सलाह तक कवियों को नहीं देते थे। नानातरह की परेशानियों के चलते अगर कोई प्रतिभाशाली कवि ऐसों के दरबार में चला भी गया हो, उस पर कविता सुनाने का दबाव भी पड़ रहा हो, तो भी देवीदास उसे मौन रह जाने की ही सलाह देते हैं। "मूरख के पाले कोऊ कबहूँ जिन परौ।" (110) "कहा भयौ काहू जौ कियौ न सनमान कोऊ पढौ यौ कहै तौ रहै जे जीभ जकरे।" सबसे बड़े साहस की बात तो उनमें यह दिखाई देती है कि वे निश्चय ही किसी बहुत बड़े राजे-महाराजे के दरबार के अत्यंत पड़ोस में ही रहते थे। धनवान-ऐश्वर्यवान तो नहीं ही थे, कोई पहलवान या हथियारों से लैस रहनेवाले सुरक्षात्मक साधनों से संपन्न भी नहीं थे, बिलकुल निरीह एवं भोले-भाले व्यक्ति थे, फिर भी उस जमाने के प्रभावशाली दंभी राजाओं को भी डंके की चोट कह सके थे—

नाहिन अनीत के सहनहार हम तेरी,
पौर के रहनहार बाभन है, भोरे हैं।

देवीदास के संबंध में हिंदी-साहित्य के आरंभिक इतिहासकार कोई सूचना नहीं देते। व्यवस्थित ढंग से संपादित किए गए **'हिंदी-साहित्य'** (प्रकाशक–भारतीय हिंदी परिषद प्रयाग) के तीन खंडों में से द्वितीय खंड (प्रथम संस्करण, मार्च 1959 ई.) के ग्यारहवें अध्याय–**नीति और जीवनी साहित्य**–के पृष्ठ 461, 463 और 465 पर एक नीतिकार के रूप में उनके नाम का उल्लेख भर किया गया है। पृष्ठ 463 पर उनके रचनाकाल के संबंध में टिप्पणी है–'इनमें देवीदास (रचनाकाल 16वीं सदी ईस्वी पूर्वार्द्ध)' उनकी रचना के नाम अथवा उसके संबंध में कोई और जानकारी नहीं दी गई है। बारहवें अध्याय में **'जैन-साहित्य'** का परिचय देने के क्रम में पृष्ठ 507 पर दिगंबर शाखा के कवियों के वर्णन के क्रम में कहा गया है–"बुन्देलखंड के कवि देवीदास और नवलसाह उल्लेखनीय हैं। कवि देवीदास ओरछा स्टेट के दुगीड़ा गाँव के निवासी थे। इनके पूर्वज भदावर देश के केलगवाँ के निवासी थे। इनकी 23 लघु रचनाओं का संग्रह–'परमानन्द (यादव) विलास' के नाम से प्रसिद्ध है।"–ध्यातव्य है कि यहाँ इन्हें नीतिकार कवि नहीं गिनाया गया है।

इनका कुछ विस्तृत परिचय अनुमान के सहारे कविता कौमुदी (भाग-? प्रकाशन 1954 ई.) में पं. रामनरेश त्रिपाठी ने दिया था, जिसके आधार पर डॉ. भोलानाथ तिवारी ने हिंदी साहित्यकोश-भाग-2 (प्रकाशक–ज्ञान मंडल, वाराणसी, प्रथम संस्करण, संवत् 2020) में निम्नलिखित विवरण प्रस्तुत किया है–

देवीदास–इनका समय सोलहवीं सदी है। ये शेखावाटी (राजस्थान) के राव लूणकरण के मंत्री थे। एक दिन–'बुद्धि और धन में कौन बड़ा है ?'–इस प्रश्न पर राव और मंत्री में विवाद हो गया और देवीदास राव का व्यंग्य सुनकर उनके छोटे भाई के यहाँ चले आए, जो अपेक्षाकृत निर्धन थे। धीरे-धीरे इन्होंने राव के छोटे भाई को अकबर का कृपापात्र बना दिया। अकबर ने प्रसन्न होकर उनको एक अच्छा जागीरदार बना दिया। इस प्रकार देवीदास ने बुद्धि का बड़ा होना सिद्ध कर दिया।

देवीदास दोनों भाइयों और अकबर के सम्मान के पात्र थे। राजस्थान में एक नीतिकार के रूप में देवीदास प्रसिद्ध हैं। इनका ग्रंथ 'देवीदास रा कवित्त' है, जो अभी तक अप्रकाशित है। इसमें राज तथा व्यवहार नीति विषयक एक सौ कवित्त और सवैये हैं। इनकी नीति की बातें अनुभूति पर आधारित हैं। इसी कारण कहने का ढंग बहुत मार्मिक या रचनात्मक न होने पर भी उनमें आकर्षण है। राजाओं के संबंध में इन्होंने बड़ी व्यावहारिक और लाभप्रद बातें कही हैं। काव्यत्व की दृष्टि से इनके छंद सामान्य कोटि के हैं। इनके ग्रंथ की एक प्रतिलिपि पं. रामनरेश त्रिपाठी के पास थी।

स्पष्ट है उक्त विवरण रचना और रचयिता के गहन अनुशीलन का न होकर ऊपरी-ऊपरी है। छंद संख्या का भी पूरा पता नहीं है। छंद रचना कौशल पर भी टिप्पणी ऊपर-ऊपर से कर दी गई है। राजस्थान के राजा के दरबार के मंत्री और कवि होने के कारण कुछ चमत्कार विषयक बातें अपने आप जोड़ लिए जाने की परंपरा रही ही है। सो राजा से तर्क-वितर्क, राजा से खिन्न हो दूर हटना, अकबर सम्राट को प्रभावित कर अपनी मान्यता को सत्य प्रमाणित करवा देना, उसी प्रकार की निजंधरी मान्यताएँ

हो सकती हैं।

रचना के छंद कौशल और भाषा की संरचना की विवेचना कर, कई प्रतियों के पाठों का पाठवैज्ञानिक तुलनात्मक विवेचन कर हमने पाया है कि पुरानी ब्रजभाषा की प्रवृत्तियाँ ही अधिक स्पष्ट हैं और वो भी भाषा भक्तिकालीन ब्रजभाषा से भी आगे बढ़ी हुई है अतः तथाकथित रीतिकाल या शृंगार काल की ही है। राजस्थानी परिवेश में हस्तलेखों के प्रतिलिपीकरण के कारण राजस्थानी का प्रभाव अवश्य गहरा हो गया है जैसा कि कबीर की रचनाओं पर राजस्थानी और पंजाबी का है।

ध्यान से देखने पर मेरा अनुमान कि झाँसी के आसपास से भी ब्रजभाषा के प्रभाव क्षेत्र का होना ही इस कवि के लिए अधिक संभव है; आरंभ में 'हिंदी साहित्य, द्वितीय खंड' में दिए गए परिचय से और भी संपुष्ट होता है। उसमें जहाँ देवीदास को जैन कवि बतलाया गया है, संभव हो वे कोई जैन कवि रहे हों, किंतु ये देवीदास तो स्पष्ट रूप से कहते हैं–'तेरी पौर के रहनहार बाभन हैं भोरे हैं।'–अतः ये राजदरबारी तो नहीं ही थे, हाँ राजा के नगर के निवासी ज़रूर थे। अतः जिस जैन कवि देवीदास को ओरछा स्टेट के दुगीड़ा गाँव का निवासी बतलाया गया है और कहा गया है कि उनके पूर्वज भदावर स्टेट से आए थे; वे ये ही नीतिकार देवीदास हो सकते हैं। भदावर स्टेट पूरी तरह ब्रजभाषा-भाषी रहा है, अतः पैतृक रूप से ब्रजभाषा के संस्कार उनमें प्रबल रहे होंगे। संभव है कि जैन देवीदास भी वहीं के रहे हों। अथवा फिर ये नीतिकार देवीदास ओरछा के ही आस-पास के किसी और गाँव में पैदा हुए हों और अकबर कालीन न होकर शाहजहाँ तथा औरंगजेब कालीन हैं जैसा कि हस्तलेखों की वंश परंपरा के अध्ययन से स्पष्ट होता है।

12.0 ऐसे साहसी कवि देवीदास ने अपनी प्रतिभा से कविता का कुछ नया ही अंदाज़ विकसित किया। वे अपनी इस कृति में जनता को कठिनाइयों से बचाने और सुखी जीवन जीने के उपाय बताने की बराबर कोशिश करते हैं। उनकी सबसे पहली साधारण सीख तो यह है कि–"जग में जो बसिए तो हँसिए न काहू देवी।"–समाज में रहकर लोगों की खिल्ली उड़ाने की कोशिश नहीं करनी चाहिए, न किसी की कमज़ोरियों का मखौल बनाना चाहिए।

आपस में हिलमिलकर, प्रेम-प्रीति से रहना चाहते हो, तो अपने व्यवहार को संयत रखना होगा। "प्रीत खोयो चाहौ × × × प्रीत राखी चाहिए तौ इतनी न कीजिए।" इसीप्रकार समाज में कुछ प्रकार के मनुष्य ऐसे हैं जिनके बचकर रहना ही श्रेयस्कर है। सुखी जीवन जीना चाहनेवाले व्यक्ति को उनकी संगत से बचना चाहिए।

"सुख चाहो आपु कूँ तौ सबकूँ सदा को सीख
इतने मनुष्यनि सुं संगत न कीजिए।। (74 और 75)

समूचे समाज-जीवन को निकट से देखने-परखने के बाद उन्होंने महसूस किया कि जीवन को सुखी बनाने के लिए लोग नानाप्रकार की शिक्षा-दीक्षा का प्रबंध करते-कराते हैं परंतु, सच्चाई तो यह है कि पूरे समाज में सबसे अच्छी सुविधा राजनीति करनेवाले ही पाते हैं। हरप्रकार की शिक्षा से जो सुख साधन उपलब्ध नहीं होते, वे राजनीति की

शिक्षा से सहज ही सुलभ हो जाते हैं। अतः लोक कल्याण के लिए वे राजनीति की शिक्षा दिए जाने की सलाह देते हैं।

नींत ही तैं धरम, धरम तैं सकल सिद्धि,
नींत ही तैं आदर सभानि बीच पाइयै।
× × ×
छोटेन कौ बड़ो करै, बड़े महा बड़े करै
ताते सबही कूँ राजनीति ही सुनाइयै।

15 सितम्बर 1997

महेन्द्रनाथ दुबे

(1)

नीति[1] ही तैं धरम, धरम तैं सकल सिद्धि[2],
नीति ही ते आदर सभानि बीचि पाइये[3]।
नीति तैं अनीति[4] छूटे, नीति ही तैं सुख लूटै,[5]
नीति लिए बोलै, भलो[6] बकता कहाइये।
नीति ही तैं राज राजै, नीति ही तैं पातसाही,
नीति ही कौ नऊ[7] खण्ड में जस गाइये[8]।
छोटन को[9] बड़ो करै, बड़े महा बड़े करै
तातै सबही कूँ राजनीति[10] ही सुनाइये[11] ॥ एक ॥

पाठभेद

उदै–1. नींत 2. सिधि 3. पाइयै 6. भलौ 7. नऊँ 8. माहि जस गाइयै 9. छोटेन
अपूर्ण–7 नउ 8 महि जस पाइयै 10 कूँ
हरि–2 सिध 5 लुटै 7 नऊँ 8 छोटेन 10 कूँ
मोड़ी–2 सिध 3 पाइयौ 5 सुष लुटै 7 नऊँ 11 राजनीत

भावार्थ

राजनीति में निपुणता प्राप्त होने से ही धर्म का परिपालन संभव है, धर्म के सम्यक् आचरण से सभी सिद्धियाँ प्राप्त होती हैं। नीति की कुशलता से ही सभाओं में सम्मान प्राप्त होता है। नीति ज्ञान-विवेक से अनीति संबंधी सारे दुराचारों से छुटकारा मिल जाता है। नीति के समुचित ज्ञान से मनुष्य जगत के सभी सुखों का आनंद प्राप्त करता है। वह एक अच्छे वक्ता के रूप में ख्याति लाभ करता है। राजनीति के भरोसे ही राजाओं को भी राजा होने, सम्राट होने का सौभाग्य मिलता है। नीति का यश सभी द्वीपों, नव खंडों में गाया जाता है। राजनीति एक ऐसी चीज़ है जो छोटे को भी बड़ा बना देती है। जो बड़े हैं, उन्हें और महान् बना देती हैं। अतः सभी को राजनीति को ही शिक्षा देनी चाहिए।

(2)

कौन[1] यह देश, कौन काल, कौन बैरी मेरो,[2]
कौन मेरो हितू,[3] मोहि ढिगतैं न टारिबौ[4] ।
केती आय, मद केतौ,[5] खरच कितौक बलु,[6]
तैही[7] उनमान मोहि[8] मुख तै निकारबौ[9] ।
संपति[10] की आवन कौ कौन मेरे अवरोध[11]
ताहि[12] को उपाव,[13] यह दाव उर धारिबौ[14] ।
राजनीति[15] राजन कौ[16] दिन प्रति देवीदास[17]
चार[18] घरी रात रहै इतनो[19] बिचारिबौ[20] ॥ दो ॥

पाठभेद

उदै–11 कोंन 2 मेरौ 3 टारिबै 5 पद केतौ 6 कितौकु बल 9 निकारिबै 11 अवरोध 12 ताही 15 राजनीत 16 राजन कूँ 18 च्यार 20 बिचारियै

अपूर्ण–1 कौंन 2 मेरौ 9 मुषतैं निकारबौ 14 धारबौ 18 चार घड़ी 20 बिचारबौ

हरि–4 टारिबै 5 पद कैतो षरच 18 च्यार

मोड़ी–2 बेरी मेरो 3 हितूं 4 टारिबों 5-6 पद केतो षरच कितौक बलु 7 तैही 10 संपत 11 अबिरोध 15 राजनीत

भावार्थ

जिस परिवेश में मनुष्य रहता है उसकी सारी चीज़ों के प्रति उसे सही-सही ज्ञान होना चाहिए। राजा के लिए आवश्यक है कि वह भली भाँति जाने कि जिस देश विशेष में वह है, वह देश यथार्थतः क्या है ? जिस समय में वह है, उस समय का सच्चा स्वरूप क्या है ? उसके आस-पास और दूर-दूर जो लोग स्थित हैं, उनमें कौन-कौन उसके सच्चे हितैषी हैं, जो कभी भी उसका साथ नहीं छोड़ेंगे। अपने से अलग नहीं होने देंगे। आमदनी के स्रोत क्या-क्या हैं और उनसे कुल कितनी आय हुई है। राजकोष में कितना धन जमा है। दूसरी ओर खर्च के कौन-कौन से मद हैं, और कितने अधिक खर्चों की संभावना है। सेना की शक्ति कितनी है ? इसका सही-सही अनुमान उसे बराबर रहना चाहिए और इनकी यथार्थ स्थिति को समझते हुए ही मुख से कोई आदेश-निर्देश निकालना चाहिए। संपत्ति की प्राप्ति के जो स्रोत हैं उनमें कहाँ-कहाँ अटकाव होने की संभावना है। उसे अच्छी तरह समझते हुए, उन्हें दूर करने के उपाय करने चाहिए तथा उसी के अनुसार अपना अगला कदम बढ़ाना चाहिए। राजनीति में निपुण राजाओं के लिए कवि देवीदास कहते हैं कि दिन में तो सतत सजग और क्रियाशील रहना ही चाहिए, विश्राम की रात की बेला में भी अभी रात बीतने में चार घरी बाकी हो, तभी से राजा को इस सारी चीज़ों के बारे में अच्छी तरह सोचना-समझना शुरू कर देना चाहिए।

(3)

छोटे-छोटे गुलन कों[1] सुरन को वार करै,[2]
पातरे से पौधा[3] पानी पोष करि पारिबौ[4]।
फूली फुलवारिन[5] के फूल मोहि[6] लैबे खरै[7]
घने दरखत एक ठौर ते उखारिबौ[8]।
नै नै परे पाइनि तें[9] टेक दै दै ऊँचे करै,
ऊँचे[10] चढ़[11] गये ते जरूर काटि डारिबौ।
राजन कूँ[12] मालिन कूँ, दिन प्रति[13] देवीदास
चार धरी[14] रात रहै इतनो बिचारिबौ[15] ॥ तीन ॥

पाठभेद

उदै–2 सूरन की 3 पेधा 4 पारिबै 7 षरें 8 ठोरतें उषारिवै 9 तैं 11 बढ़ि गए 12 राजनिकूँ मालन कूँ 15 विचारिबै
अपूर्ण–3 पोधा पांनी 5 फुलवादन 8 उषारिबै 15 बिचारिबै
हरि–3 पातरे से पोधा 5 फुलवादन 8 उषारिबै
मोड़ी–2 बार करै 5 फुलवादन 6 फुल मोहिं 10 ऊचै 15 बीचारबौ

भावार्थ

छोटे-छोटे फूलों के पौधों को खुरपी से मिट्टी इकट्ठा करके सहारा दे, या छोटे-छोटे फूलों को देवताओं पर न्यौछावर करता रहे; देव मूर्त्तियों पर चढ़ाता रहा करे। जो पौधे बहुत पतले रह गए हैं उन्हें पानी-खाद वग़ैरह दे-देकर उनका लालन-पालन करे। फूली हुई फुलवारियों के फूल चित्त कों निश्चित रूप से मुग्ध कर लिया करें, अगर उनकी जमावट बहुत घनी हो गई है तो एक ही जगह जहाँ बहुत सारे जम गए हों, तो उन्हें समझ कर वहाँ से उखाड़ दे। जो पौधे ऊपर के भार से पैरों की ओर झुके पड़ रहे हों, उन्हें सरकंडों, लकड़ियों की टेक दे-देकर खड़ा रखकर ऊँचा करता रहे। जो आवश्यकता से अधिक ऊँचे हो गए हैं, उन्हें अवश्य-अवश्य ही काट डाले। राजाओं और मालियों को देवीदास की सलाह है कि प्रत्येक दिन अभी चार घरी रात सबेरा होने में शेष भी हो तो भी उसी समय से इन बातों पर विशेष सावधानी से बिचारते रहना चाहिए।

(4)

आरम्भत[1] जाहि बहु लोगन ते बैर[2] होय[3]
दूसरे करन[4] जाय धर्म[5] ठहरै[6] नहीं।
करत-करत जाहि उपजे कलेस[7] बहु
फल ऐसौ लागै जासौं[8] पेट हू भरै नहीं।
अति छोटो काम ऐसो[9] कुल में कियो[10] न होय
अति ही दुरन्त कै जु पूरौऊ[11] परै नहीं।
देवीदास जामै लाभ-खरच बराबर[12] है
बुद्धिमान[13] ह्वै कै ऐसो कारज[14] करै नहीं ॥ चार ॥

भावार्थ

उदै—3 होत 4 दूसरे करत 5 ध्रुम 8 तासूँ
अपूर्ण—1 आरम्भत जाह 2 सुं बेर 10 कीया 11 कैजुपुरोऊ 13 बुधवान होके 14 काम करै नहीं।
हरि—2 लोगन सुं बैर 5-6 ध्रम ठहरै 10 कीयौ 12 लाभ-षरच 13 बुद्धवान
मोड़ी—2 लोगन तै बेर 5 ध्रम 13 बुधवान

भावार्थ

ऐसा काम जिसे आरंभ करते ही अनेकानेक लोगों से दुश्मनी पैदा हो जाए। उसे करने से अपने धर्म के भी भ्रष्ट हो जाने का खतरा हो। जिस कार्य को करते रहने से नाना प्रकार के दुःख-कष्ट, सहने पड़ें, तरह-तरह की विपत्तियाँ आ-आकर घेरने लगें, और उसके करने के सारे काम के फलस्वरूप जो कुछ प्राप्त हो, उससे पेट तक न भर पाए। ऐसा निकृष्ट कोटि का कर्म जैसा कि अपने कुल-खानदान में किसी ने कभी किया ही न हो तथा ऐसा दुष्कर कार्य हो जिसे पूरी तरह साध पाना भी महाकठिन हो। कवि देवीदास कहते हैं कि ऐसा काम जिसके करने में अपनी गाँठ से जितना खर्च हो जाए, परिणाम में बस उसके बराबर ही लाभ हो, तो ऐसे कर्मों को बुद्धिमान मनुष्य को कभी नहीं करना चाहिए।

(5)

एकन[1] के बोल लोल तोल हलकेरुमोल[2]
कोड़ी एक[3] ही के अबिचारनी[4] समेत हैं।
कहीं की रही तो भलै,[5] न रही तो अति[6] भलै
ऐसो तो[7] मनुष्ष[8] मही कौन[9] जानै केत हैं।
साँच सिर[10] लियै बिरले सरल देवीदास
रैन दिन[11] आपने बिचार में सचेत हैं।
याही तैं बड़े पुरुष बोले[12] बड़ी बेर क्यों जु
बोल काजै बोलता पुरुष जान देत हैं॥ पाँच॥

पाठभेद

उदै–1 एकनि 3 एक-कौड़ी 4 अबिचारन 7 तौ 8 मनुष्य 9 माँहि 10 सिर लियैं 11 रैन दिन 12 बौलै
अपूर्ण–2 हलके से मोल 5 रही वौ भलै 10 सिर लीं यैं
हरि–4 अबिचारनि 8 मनुष्य
मोड़ी–10 साचसिर 11 रैन दिना

भावार्थ

समाज में विभिन्न प्रकार के मनुष्य होते हैं। किसी-किसी के बोल का बड़ा ही महत्त्व होता है, वे हल्के ढंग से भी बोलते हैं तो भी उसमें भारी गांभीर्य होता है। जबकि कुछ लोग बिना ठीक से विचार किए ही ऐसे बोल बोल जाते हैं जिनका मूल्य कौड़ी भर ही होता है। वाणी बोलते समय कुछ लोग इतने बेपरवाह होते हैं कि सोचते हैं कि कहीं कुछ महत्त्व की बात हो गई तब तो ठीक ही है, किसी महत्त्व की न हुई तो और भी अच्छा है। इसप्रकार की असावधानी बरतनेवाले इस जगत में जाने कितने मनुष्य हैं। सचमुच ही सत्य को माथे चढ़ाए रखनेवाले ऐसे मनुष्य जो रात दिन अपने विचार के प्रति सजग रहते हैं, इस पृथ्वी पर बस गिने-चुने ही हैं। इसी कारण से जो सचमुच ही महान् प्रकृति के मनुष्य हैं वे बड़ी देर में बहुत थोड़ा बोलते हैं। क्योंकि अपनी वाणी की मर्यादा रक्षा के लिए ऐसे वक्ता अपने प्राण तक न्यौछावर कर देते हैं।

(6)

मूँस[1] पर साँप राखैं,[2] साँप पर मोर राखैं,
बैल पर सिंह[3] राखैं वाकै कहा भीत है।
पूतन कुँ[4] भूत राखैं भूत कूँ[5] विभूत राखैं
छहमुख कौं[6] गजमुख यहै बड़ी रीत है।
काम पर वाम राखैं, विष कूँ अमृत राखैं
आग पर[7] पानी राखैं सोई जगजीत है।
देवीदास देख्यौ[8] ग्यानी शंकर की सावधानी
सब बात[9] लायक पै राखै[10] राजनीति है ॥ छह ॥

पाठभेद

उदै–2 राषै 3 स्यंघ 6 छमुख 8 देषौ 10 राषै
अपूर्ण–1 मूसे 5 भूत कौ 9 समै बात
हरि–1 मूँसे 6 छमुखकौं
मोड़ी–1 मुस 4 प्रेतन कुं

भावार्थ

परस्पर विरोधी, एक-दूसरे के जन्म जात शत्रु, जीवों को अपनी अद्‌भुत क्षमता से एकत्र रखे हुए हैं। चूहे को (गणेश के वाहन के रूप में) संरक्षण दिया तो उसी के ऊपर उसके परमशत्रु सर्पराज को (अपने गले के हार के रूप में) रखा हुआ है। जहाँ नागराज महाराज फण फटकारे हैं वहीं उन्हें खा जानेवाला उनका शत्रु मोर (कुमार कार्त्तिकेय के वाहन के रूप में) भी पाले हुए हैं। जहाँ नन्दी वृषभ को अपनी सवारी में रखे हैं, वहीं बैल को मारकर खा जानेवाला सिंह (भगवती पार्वती–दुर्गा) भी पाले रखा है, ऐसे महा शक्तिमान को फिर किसका डर है ? भूत-पिशाच को भी अपने पुत्र रूप में पाले रखा है, तो भूत-प्रेत को भगाने वाले मंत्र युक्त विभूति को (अपने शरीर पर मलकर) लिपटाए रखा है। एक पुत्र छह मुख धारी है, तो दूसरा हाथी के मुख वाला ही है। यह एक बड़ी ही चमत्कारपूर्ण रीति है। कामदेव के महापराक्रमी रूप को अपनी अर्द्धांगिनी पार्वती से ही पराजित करवा दिया। कंठ में विष को स्थान दिया तो भाल पर चंद्रमा के साथ अमृत को भी स्थान दे रखा है। अपने तीसरे नेत्र में जो प्रचण्ड क्रोधाग्नि को स्थान दिया है, तो उसी के ऊपर शीश पर गंगा के शीतल जल की धार भी प्रवाहित कर रखी है। निश्चय ही ऐसा विलक्षण व्यक्तित्व वाला ही विश्वनाथ (जगत को जीतने वाला) कहलाने योग्य है। कवि देवीदास ज्ञानी शंकर कीं कुशलता का प्रत्यक्षीकरण करते हुए कहते हैं कि उनमें सभी गुण तो हैं ही, परंतु सबके ऊपर राजनीति का वह महान् गुण है जिसके आधार पर उन्होंने परस्पर शत्रुओं को भी एक स्थान पर शांतिपूर्वक जुटाए रखा है।

(7)

तनक सौ तिनगा छिनक माँझ बाउ[1] फिरै
हृवै कर प्रचण्ड करैं छार बार[2] बनिये।
कौन[3] माझ बालक[4] सो बिल बास[5] ऊँच[6] बैठौ
दाव[7] परे ऊदराहिं[8] चूकै नाहि हनियै।
जैसी है सुवैद काठी[9] ज्यों की फिर त्यौं ही होय
भूलिये न जौ लौं[10] तौ लौं मूल ते न खनियै[11]।
बसुधा के अन्दर जौ विजय चाहें तौं कूँ बीर[12]
बैसन्दर, बैरी,[13] व्याधि[14] छोटो नहिं गनियै ॥ सात ॥

पाठभेद

उदै–2 बार बनियै 4 बालकु 6 कुचि 7 दाउ 9 काटी 11 षनियै 12 तो कुं वीर 13 बैर 14 व्याध
अपूर्ण–(यह पद संख्या 5 पर है) 1 बाव 3 कौनै 9 काटी 11 षनियै 12 ताकौं बीर 13-14 बेसन्दर बैर व्याध
हरि–2 छार वार 5-6 बिलबास ऊच 9 काटी
मोड़ी–2 छार वार 11 मूल ते नृपनीयै।

भावार्थ

वायु ज़रा से तिनके के बीच भी वावली सी फिरती रहती है, परंतु थोड़ी ही देर में वह अति प्रचण्ड रूप धारणकर सभी कुछ को छार-खार कर देती है। एक अच्छे वैद के द्वारा उगाई गई, पास-पोस कर बड़ी की गई औषधि गुणों की जड़ी समय-समय पर उसके द्वारा काट दिए जाने पर भी फिर ज्यों-की-त्यौं बढ़ जाती है। ऐसी गुणवती जड़ी को कभी भी जड़ से उखाड़ फेंकना नहीं चाहिए। ऐ ! समझदार बलवान नौजवान अगर तुम्हें इस पृथ्वी पर विजय की कामना है तो आग चाहे कितनी दबी हो, शत्रु चाहे कितना नीचे झुक गया हो, रोग चाहे ऐसा दूर हो गया हो कि पता न चल रहा हो, तो भी आग को, शत्रु को और रोग को कभी भी कम करके नहीं आँकना। कभी भी उन्हें साधारण मत समझना। बराबर उन्हें गंभीरता से लेना और बराबर सावधान रहना।

(8)

कीरति[1] कौ मूल एक रैन दिना[2] दान दैबौ[3]
धरम को मूल एक साँच पहिचानबौ[4]।
बढ़िबै कौ मूल एक ऊँचौ मन राखबौ[5] है
जानिबे की मूल एक भली बात मानिबौ।
ब्याधि बहु भोजन उपाधि[6] मूल हासी देवी
दारद[7] कौ मूल एक आलस[8] बखानिबौ[9]।
हारिबै कौ मूल एक आतुरी[10] है रन[11] माँझ
चातुरी कौ मूल[12] एक बात कहि जानिबौ ॥ आठ ॥

पाठभेद

उदै–2 दिन 5 राषिबौहै 6 उपाधमूल 9 बषानिबौ 11 दिन
अपूर्ण–(10वाँ संख्यक पद) 4 पहैचानबौ 7 आदार कौ 8-9 आरस बखानबौ
हरि–2 दिना दान 5 राषिबौ 9 वषानिबौ 12 मुल
मोड़ी–1 कीरत 12 चातर कौ मुल

भावार्थ

संसार में यशस्वी होने का मूल आधार रात-दिन दान करके पुण्य बटोरना है। सत्य को अच्छी तरह पहचानना ही धर्म का मूल है। मनुष्य यदि उन्नति करना चाहता है तो उसका मूल मंत्र है, अपने मन को बराबर ऊँचाई पर रखना, उत्साह बनाए रखना। ज्ञान अर्जन करने का मूल उपाय है, बड़े-बड़े अनुभवी और ज्ञानी लोगों की बातों को आदरपूर्वक स्वीकार करना। आवश्यकता से अधिक भोजन करने से शरीर नाना प्रकार के रोगों से ग्रसित हो जाता है। दूसरों की हँसी उड़ाना तरह-तरह की कठिनाइयों का कारण बनता है। काम करने से आलस्य बरतने से दरिद्रता बढ़ती है। युद्ध भूमि में धीरज खो देना, घबड़ाना और हड़बड़ी में बिना सोचे-समझे कदम उठाना, हार का मूल कारण बनता है। उचित समय पर उचित बात कहने की कुशलता रखना ही चतुर कहलाने का मूल कारण होता है।

(9)

कुमति[1] तैं जस जाई,[2] गरब तैं लच्छि जाइ[3]
कुनारि[4] तैं कुल जाइ, योग[5] जाय संग तें[6]।
भूख तैं मर्जाद[7] जाइ, लड़ाए तें[8] पूत जाइ
सोचतैं शरीर जाइ,[9] सीलता कुसंग[10] तें ॥
कपट तैं धर्म[11] जाइ, लोभ ते बड़ाई जाय[12]
माँगबे तैं मान[13] जाइ, पाप जाइ गंग तें ॥
नीति बिन राज जाइ, क्रोध तें तपस्या जाइ
देवीदास रजपूती जाय मुरै[14] जंग तैं ॥ नौ ॥

पाठभेद

उदै–1. सूमंति 3 लछि जाय 7 म्रजाद 8 लड़ायैंतैं 14 मुरै जंग तैं
अपूर्ण–(11वाँ पद) 1 सूमत तैं 4 कुनार 7 मर्याद 11 सिलता कुसंगतै 14 मुरै जंगतैं
हरि–1 क्यूमति तै 7 मृजाद 11 ध्रम जाइ
मोड़ी–1 कुमत 4 कुनारतैं 7 मृजाद 11 ध्रम 14 मुरजाय

भावार्थ

मनुष्य की बुद्धि अगर कुबुद्धि होकर गलत दिशा अपना लेती है तो उसका सारा मान-सम्मान नष्ट हो जाता है। जब वह अधिक घमंड करने लगता है तो उसके धन-धान्य का विनाश हो जाता है, उसकी शोभा नष्ट हो जाती है। अगर मनुष्य के परिवार में कोई दुश्चरित्रा स्त्री आ जाती है, तो परिवार समाप्त हो जाता है। सांसारिक माया-मोह त्यागकर योगी बना व्यक्ति जब पुनः लोगों की संगति में रहने लगता है तो उसका योग भ्रष्ट हो जाता है। अत्यधिक भूखा होने पर धर्म की रक्षा नहीं हो पाती। दूसरों से अपने पुत्र को लड़ाते रहने से पुत्र हानि होती है। अधिक लाड़-प्यार से भी पुत्र हाथ से निकल जाता है। कपट करने से धर्म का नाश हो जाता है। लोभ-लालच करने से समाज में प्राप्त बड़प्पन भी समाप्त हो जाता है। किसी के भी सामने हाथ पसार कर माँगने से सम्मान नहीं रह जाता। माँ गंगा में डुबकी लगाने से पापों का नाश हो जाता है। राजा को अगर उचित राजनीति का ज्ञान नहीं, राजनीतिज्ञों का सहयोग नहीं, तो राज्य भी हाथ से निकल जाता है। क्रोध करने से तपस्या क्षीण हो जाती है। देवीदास कहते हैं कि अगर युद्ध से डर कर भाग गए तो राजपूत धर्म भी समाप्त हो जाता है।

(10)

मैमत[1] मतंग देखि[2] फौज[3] चतुरंग देखि
जीते केऊ[4] जंग देखि प्रजा करु[5] देत हैं।
गाढ़े गढ़ कोट[6] देख[7] संपत अटूट[8] देखि
सूरन की जोट[9] देख सुख सौं सचेत[10] हैं।
देवीदास तो पै[11] नृप[12] नीतन की नीत[13] यहै
बैरी पै बचैगो सोई सदा साव चेत[14] है।
ना तौ[15] जैसे सुन्दर सरबांछित बाती छिन[16]
तेल बिन[17] दीये कुँ[18] बयार मार लेत[19] हैं ॥ दस ॥

पाठभेद

उदै–1 मैंमत 2 देष 8 अटोट 9 फौज 10 सुचेतु 11 तोपैं 12 नित 14 सविचेतु
अपूर्ण–(तेइसवाँ पद है) 2 देष 5 कर 13 रीत 15 नीतौ 16 श्रवा छतबाती छत 17 बत 18 दीयै कौ 19 देत
हरि–2 देष 13 नीतन की नीत यहै 16 बिन
मोड़ी–3 फोज 7 देष 11-12 तोप नृप 16 बिन

भावार्थ

प्रमत्त गजराज को देखकर, चतुरंगिणी सेना को देखकर, अनेकानेक युद्धों को जीत चुके हुए राजा के प्रताप को देखकर प्रजा कर अदा करती है। दुर्गम दुर्गों की सुरक्षा देख, अपार संपत्ति का संग्रह देख, तथा वीरो-सूरमाओं की सेना को इकट्ठा सावधान देखकर सुखपूर्वक निवास करते हैं। इतना सब कुछ होने पर भी कवि देवीदास कहते हैं कि कुशल राजाओं की नीति यही है कि हर क्षण शत्रु से सजग रहें। उससे बँचने का उपाय बराबर करते रहें, नहीं जो ज़रा सी असावधानी भी खतरनाक सिद्ध होगी। जैसे कि तेल की कमी या बाती की क्षीणता के कारण दीए को हवा का एक हल्का सा झोंका ही बुझा देता है, उसीतरह सावधानी में ज़रा सी गलती राज्य की पराजय का कारण बन जाती है।

(11)

देखो[1] तीन लोक तैं छकाय[2] अंधकार पीट
दूर कीनौ ऐसे भांनुकरके उदोत हैं।
बारनी मगन देख[3] रवि कौ कुँहरहीके[4]
पल मैं कुहर जग छाय ओत-प्रोत[5] है।
कबहूँ प्रकाश या आकाश कुँ दबाय लेत
कबहू गगन गाजै तिमिर के गोत हैं।
हारि मानै तिमिरनि बैठ[6] रहे तिमिरारि
बैर वारे कबहूँ[7] असावधान होत हैं ॥ ग्यारह ॥

पाठभेद

उदै–धकाम्य 3 देषैं 5 छायौ होत पोत 6 बैठि
अपूर्ण–(सातवाँ पद है) 1 देषौ 3 भान करके 3 देष 4 रवि कूँ कुहरही कैं 6 बैठ रहें
हरि–2 धकाइ 2 देषौ 4 कोंहरहीके
मोड़ी–1 देषौ 8 वैर वारे के बेहुँ

भावार्थ

तीनो लोक में व्याप्त अंधकार को छकाते हुए सूर्य ने उगकर अपनी किरणों से चारों ओर प्रकाश फैला दिया है। सागर से उठे उफान की मदिरा से प्रमत्त कुहरे ने फिर समूचे जगत को कुहरे से ढँक दिया। छाया और प्रकाश का यह संघर्ष बराबर चलता रहता है। कभी पूरे आकाश में प्रकाश व्याप्त हो जाता है तो कभी सूर्य को ढँककर अँधेरा पूरे आकाश में गरजने लगता है। अंधकार और सूर्य के इस संघर्ष में पड़कर भी कभी भी सूर्य हार मानकर अलग नहीं बैठा रहता, बल्कि प्रयत्न कर शीघ्र ही अँधेरे को दूर कर जगत को प्रकाशित करता है। जिनके भी अनेकानेक शत्रु हैं वे कभी भी असावधान नहीं रह सकते। उन्हें तो बराबर ही सजग रहना पड़ता है। तभी वे अपने लक्ष्य में सफल हो सकते हैं।

(12)

एक रवि उगैं छवि[1] देत दबि[2] जात तमु
सबही उछाह होत दीठि[3] हाव[4] भाव[6] की।
तीन्यौ लोग तिमिर[6] तिराय तिमरारि[7] बिनु[8]
पै[9] बुरी न होय[10] मिटै बिलोकनि चाह[11] की।
उगैं सुर बारह जगत बाट बारह कौ[12]
जाइ नहीं बार महा प्रलय[13] बलाय की।
भली इक नायकी है सोऊ जौ न होय तौ तौ
बुरी बहुनाइकी तैं[14] नीकी निरनाइकी[15] ॥ बारह ॥

पाठभेद

उदै–3 दीठ 8 बिन 11 चाय 12 कुँ
अपूर्ण–(आठवाँ पद) 9-10 यैं बुरी न होय 11 चाय 13 प्रलाय
हरि–15 हाइ-भाइ की 8 पैं
मोड़ी–1 छाबि 2 दबी जात 5 हाइ-भाइ की 6 तिमरु 10 न होइ 11 चाइ की 14-15 ते नीकी नीर नायकी

भावार्थ

आकाश में एक अकेला सूर्य उगता है और सारा गाढ़ा अंधकार जाने कहाँ दब जाता है। सभी के चेहरों पर उल्लास खेल जाता है। आँखों में हाव-भाव के नाना प्रसंग नाचने लगते हैं। सूर्य के बिना तीनों लोक गाढ़े अंधकार में डूब जाते हैं, फिर भी देखने की इच्छा नहीं मिटती। उसी आकाश में अगर बारह सूर्य एक साथ उग आए तो जगत में महा प्रलय मच जाए। इसी से कहते हैं कि एक आकाश में एक सूरज ही बहुत है। एक नायक के प्रति समर्पित रहने का भाव ही श्रेष्ठ है। अनेकानेक नायकों के होने की अपेक्षा किसी भी एक भी नायक न होना ही अच्छा है।

(13)

दानव कौ मांस मेद लै कै मधुसूदन ने[1]
मेदिनी बनाई[2] ऐसो बेदनि मैं गायौं है।
ऐसी[3] या ध नायधकै[4] भुंजक[5] हैं भूप सब
जस सौ सुबास खाय[6] तौही मन भायौ है।
भूपति कहाय जाहि देखत ही देवीदास
तीन छूटि[7] जाय सोई माई पूत जायौ है।
अरि[8] के हथ्यार नीबी नारनि[9] को दीन दुख[10]
साहिब तौ सोई परमेसर[11] बनायौ है ॥ तेरह ॥

पाठभेद

उदै—1 नैं 2 बनाय 6 षाय 7 छूट 10 दुष 11 परमेसुर
अपूर्ण—(बारहवाँ पद) 3-4 याधिनाय धकै 8 अर कै
हरि—3-4 अैसी याधिनाइधि कै
मोड़ी—3-4 ऐसी याधि नाइ धकें 5 भंजक 6 खाइ 8-9 आर दृश्यारनि बिनारनि की

भावार्थ

महाराक्षस (हिरणाक्ष) का मांस और मज्जा लेकर मधुसूदन (भगवान) ने इस पृथ्वी का निर्माण किया, ऐसा वेदों में वर्णन किया गया है। ऐसी इस पृथ्वी को भोग करनेवाले सभी राजा-महाराजा हैं। उनके यश की सुगंध चारों दिशाओं में फैले, इसी से प्रसन्नता होगी। सचमुच ही पृथ्वी का राजा कहलाने योग्य वही व्यक्ति है जिसे देखते ही ये तीनों छूट जाते हैं—(i) युद्ध भूमि में शत्रु पक्ष के योद्धा के हाथों में पड़े हथियार अपने आप छूट गिर पड़ें (ii) युवती नारियों के नीबी बन्ध और (iii) दीन-दुखियों का कष्ट मिट जाए। वस्तुतः ईश्वर ने ऐसे ही वीर को सच्चा राजा बनाया है।

(14)

मूढ़ नृप जो[1] अजा[2] प्रजाहि[3] मरवायौ चाहै[4]
ताकौ एक बारही[5] तौ[6] नृपति[7] निदान[8] है।
बुधवान है कै परनाम[9] कुँ बिचारे चित
राजा[10] प्रजा बीच[11] तौ अनेक खान-पान[12] है।
देवीदास कहै भूप[13] पालत हैं पोष दै कै
अजा[14] प्रजा बिर धै तो[15] जानत जहान है।
आमख[16] तै दूध सुं अधावै[17] केऊ बार तातैं[18]
राजन कूँ पारबो[19] प्रजा अजा समान है ॥ चौदह ॥

पाठभेद

उदै—1-3 जौ अजा प्रजाहि मारि षायौ 10-11 अजा-प्रजा बीचु 12 षान-पान 14-15 अजा-प्रजा बिरधैं तौ 16-18 आमष तै दूध सौ केऊ बार तातैं
अपूर्ण—(इस प्रति में यह पद नहीं है।)
हरि—8 निदांत 9 परनांम 14-15 अजा प्रजा बिरधै तैं 19 राजानि कौ पारिवैं
मोड़ी—5-7 तो हुवै न्रपति 13 भुप 14-15 बिरधै तौ 19 पारीबै

भावार्थ

वह राजा महा मूढ़ है जो अपनी मासूम बकरियों सी प्रजा को मारखाना चाहता है। उसके लिए तो एकमात्र सम्राट ही सभी संकटों का मेटनहारा है। बुद्धिमान राजा को चाहिए कि कुछ भी करने के पहले उस कार्य के करने का परिणाम क्या होगा ? इसे पहले भली-भाँति सोच-विचार ले। राजा-प्रजा के बीच तो नानाप्रकार के भावात्मक संबंध होते हैं। कवि देवीदास कहते हैं कि राजा तो प्रजा को हरतरह से संरक्षण देकर पालता-पोसता है। राजा के लिए प्रजा तो मासूम बकरी जैसी होती है, इस कहावत को तो सारा संसार जानता है। ठीक ढंग से पाला-पोसा जाए तो बकरी के दूध से यज्ञ-यागादि संपन्न हो सकते हैं। राजा के लिए प्रजा तो उसी बकरी के समान है जिसकी मालिक को बराबर रक्षा करनी चाहिए।

(15)

दौलत मिठाई तासूं[1] लपटे हैं लोगननि[2]
दौलत की मांखी[3] तिन्हैं कहाँ लौं[4] उड़ावैगो।
ए ती तो कूं[5] थोरी याकौ[6] ठाकुर कहावै यातें
बाटो है[7] सब कौ बटसाहु[8] तुहूँ पावैगो।
माया यहाँ[9] कालपी की मिसिरी को कूँजा[10] ताहि
बाँटि छानि[11] पीवेगौ सो भलौई कहावैगो।
देवीदास याहि बिनु बाँटि[12] खायौ चाहै[13] सु तौ
दाँतनि तुरावैगो के गाल ही[14] फरावैगो ॥ पंद्रह ॥

पाठभेद

उदै—2 लोग तातैं 3 माषी 4 कहाँ लुं 8 बटसारु 9 यह 11 बांट छान 14 गालनि
अपूर्ण—(तेरहवाँ पद है।) तातैं। 2 लोक यातें 3-4 दौलति की मांषी तिनै कहाँ लूँ 5 एनी तो कौ थोड़ी 6 यामै 7 बाँटौ है सब्बको 9 माया यह 10 कुंजौ जाहि 12-13 बिन बाँट षायौ चाहै
हरि—1 तासूँ 2 लोग तातैं 4 कहाँ जु 5 एती तो कूँ थोरी 7 बाँटो है सबको 8 बटसारू
मोड़ी—पाठ भेद नहीं।

भावार्थ

इस संसार में धन-संपत्ति-वैभव आदि मिठाई के समान हैं जिन पर मनुष्य मक्खियों की तरह भिनभिनाता हुआ लपटाया हुआ है। जैसे मक्खी को मिठाई पर से भगाओ तो भी फिर आ बैठती हैं उसी तरह धन के लोभी मनुष्यों को कोई कहाँ तक हटाएगा ? जितनी तुम्हारे हिस्से की है वह तुम्हारे लिए कम पड़ रही है, तो भी चूँकि तुम उसके मालिक हो; अतः अच्छा है कि उसे मुक्त हाथ से बाँटों। दूसरों को बाँटते रहोगे तो भी तुम्हारे अपने हिस्से की अपने आप बचेंगी। बाँटने वाले को भी मिलेगी। इस संसार में माया-मोह कालपी की उस कड़ी मिश्री के कुंजा की तरह है, जिसे कूटकर पानी में घोलकर छान-छून कर पियें-पिलायें तो सर्वत्र प्रशंसा ही होती है। कवि देवीदास कहते हैं कि ऐसा न करके जो इसे अकेले-अकेले ही गड़प्प करना चाहते हैं वे जबरदस्ती करने में या तो अपने दाँत ही तुड़वा बैठेंगे या फिर यह धारदार कड़ी मिश्र उनका गाल ही फाड़ डालेगी।

(16)

यार सूँ[1] गुमान करै, दारदी[2] है[3] सेवैं घरै[4]
सुखी औरैं अनुसरै[5] ऐसे मूढ़ और है।
ज्ञानी[6] हैव प्रपंच राचै संसारी गनै न पांचै[7]
राजा है कृपनता कै सूम सिरमौर है।
गानिका[8] कुरूप[9] धनवान है फकीरी घर
बधिके[10] सिथिल भयौ[11] रात-दिन जोर है।
जग में जो बसिये तो[12] हँसियै न काहू[13] देवी
हँस्यौ ही जो चाहौ तौ ए[14] हँसिबे की[15] ठौर है ॥ सोलह ॥

पाठभेद

उदै–1 तैं 6 ग्यानी 7 पावै 9 बाँधिके
अपूर्ण–मैं यह पद नहीं है।
हरि–1 तूँ 3-4 हवै सवै घरैं 5 सुख और अनुसरैं 7-8 गनिका कुरूप 9 बाँधिके 11 तौ
मोड़ी–2-3 दार दीघ 7 गनै न या 7-8 गनका कूँरूप 9 बधिके 11 तो 12 काऊ 13 तो पै 14 कों

भावार्थ

कवि देवीदास कहते हैं कि हे ! मनुष्य अगर तुम्हें इस संसार में बसना है तो किसी की भी हँसी न उड़ाओ। किसी के ऊपर मत हँसो। हाँ, अगर हँसे बिना नहीं काम चलता तो हँसने के भी कुछ निश्चित स्थान हैं, उन पर तुम दिल खोलकर हँस सकते हो। हँसी के ऐसे पात्र निम्नलिखित हैं–ऐसा व्यक्ति जो अपने मित्र से ही मान किए रखता है, उस पर रुआब झाड़ता है। ऐसा संकट मोचक वैद्य जिसमें दूसरों के दुःख दूर करने की क्षमता है, परंतु वह अपने घर में पड़ा-पड़ा आलस्य में दिन बिताता है। ऐसे व्यक्ति जो दूसरों की नकल करके सुखी बनना चाहते हैं। ज्ञानवान होकर भी जो दूसरों के विरुद्ध छल-प्रपंच रचता रहता है। घर-गृहस्थी बसाकर भी जो पंचो की परवाह नहीं करता। राजा होकर भी जो महाकृपणता बरतता है। गणिका होकर भी जो कुरूपा है। शिकार करनेवाला या बधिक जो रातोदिन अलसाया घर में ही पड़ा रहता है।

(17)

संगलिए[1] चतुरंग चमू गढ़ कोट अवास[2] सबै[3] बिधि जोऊ।
कोसनिवास हथ्यार[4] तरंग जु[5] कायर सूर में घाट न कोऊ ॥
आय परै नहिं भीर उपद्रव जौ लौं बयार बली[6] जर खोऊ[7]।
तौ लगि गूल[8] कौ पात्थर कौ सुपहारु प हारु बराबर दोऊ ॥ सत्रह ॥

पाठभेद

उदै–3 सबैं 4-5 हथ्यार तरदुज 6-7 बलीजर षोऊ 8 तूल
अपूर्ण–(22वाँ पद है) 4-5 तरंछज 6-7 नहीं जरषोऊ सुपयार
हरि–1 लीयै 2 आवास 4-5 तरदुज जरषोऊ
मोड़ी–पाठभेद नहीं।

भावार्थ

कवि देवीदास कहते हैं कि अगर किसी राजा को चतुरंगिणी सेना (हाथी, घोड़े, रथ और पैदल सैनिकों की निर्धारित बड़ी-बड़ी संख्या के सैनिकों की सेना) का चारों ओर से संरक्षण प्राप्त है। इन सेनाओं की सुरक्षा के बीच भी वह महादुर्गम सुदृढ़ दुर्ग में निवास कर रहा हो। उसके दुर्ग तक पहुँचना महा कठिन हो। चक्रव्यूह के भीतरी प्रकोष्ठ में सर्वथा सुरक्षित हो। हथियारों से लैस प्रहरी तरंगों की तरह बराबर उसकी रक्षा में तैयार रहते हों, तब तो चाहे शूरवीर हो, चाहे कायर सभी एक से ही पराक्रमी बनकर रह सकते हैं। जब तक कोई महा विपत्ति उन पर नहीं आती। कोई भारी आक्रमण तूफान की तरह उनके ऊपर आकर नहीं टूट पड़ता, तब तक तो वे एक जैसे ही मस्त बने रहे सकते हैं। तब तो जैसे पानी के प्रबल प्रवाह को रोकनेवाले भारी पत्थर की शिला हो अथवा गले में पड़ा हार दोनों उनके लिए बराबर होते हैं। परन्तु जब शत्रुओं की प्रबल सेना आक्रमण कर देती है। सारी सुरक्षा छिन्न-भिन्न हो जाती है। तभी असली शूरवीर की पहचान होती है।

(18)

ऊजले सुद्ध सुचिक्कन सुन्दर चंचल होय नहीं पुनि भूपर
बोझल और भलो चल कौं सबकी सहै सु रहे मनु ऊपर।
आय परै जु भली बुरी सोइ लै चढ़ाइ सबै सिर ऊपर।
एक कवित्त कहै देवीदास बिचारकुं थम्भ प्रधान दुहू पर ॥ अठारह ॥

पाठभेद

उदै–1 ऊजल 2 बोड़ल 4-5 बेस रहै मनु भूपर 6-7 सोई लेय 8 ठेस
अपूर्ण–(चौदहवाँ पद) 1 ऊजल 2 बोझल 3 भलै 4 बेस रहै 6 सो 7 सोई लेइ बिचरहु
हरि–1 ऊजल 2 बोझल और 4-5 हैंस रहै मनु धू पर
मोड़ी–पाठभेद नहीं।

भावार्थ

सर्व विधि सुंदर जो शुद्ध सात्विक उज्ज्वल सुचिक्कण चंचल हर तरह से ही संपन्न हो, ऐसा पृथ्वी पर सुलभ नहीं। बुरी और भली जगह जो भी हो, सभी जगह के भले बुरे हर एक तरह के लोगों की हर एक तरह की बात जो सहन करे, उसका मन बराबर ऊँचा रहता है। मनुष्य को चाहिए कि जीवन में समयानुसार अच्छी-बुरी जैसी भी स्थितियाँ आएँ, मन को कायर किए बगैर सभी को साहसपूर्वक सिर माथे चढ़ाए। सभी का सामना करें। कवि देवीदास अपने कवित्त के माध्यम से कहते हैं कि सुयोग हो या कुयोग, दोनों ही दशाओं में मनुष्य को अपना विचार सही रखना चाहिए। विचार दोनों ही स्थितियों में सर्व प्रधान रहता हैं।

(19)

औसर जुं सनी[1] आछी, दक्षता[2] की छबि लीयै
जुक्ति सूँ जरी है जाके अंग अवदात[3] है।
साँच सू सजी है मन[4] हरि सौ मिली बिचारै[5]
परिनाम[6] नीकी मीठी श्रोता न अघात है।
आखरनि[7] थोरी और अर्थ करि महा बड़ी[8]
और को हितू है[9] जाकै सुनै दुख जात है।
वेद की सी बानी बात सोई कहावत है[10]
देवीदास और बात बातन[11] की बात है ॥ उन्नीस ॥

पाठभेद

उदै—सनी 1 3 अवदात्त 4 साँचसुँ सनाये मनु 6 परिनाम 8 सोई बात कहावत
मोड़ी—औसर सुनी 1 2 दषिता 5 सुसजी बिचारै 6 आषरनी 7 कौ हितु है 8 सोई बात कहावत है 9 बात बात
अपूर्ण—(15वाँ पद) 1 सौं सनी 4-5 मन हर सौं मिलि बिचार 6 आषारन 8 सोई बात कहावत
हरि—1 सुँ सनी 2 दषिता

भावार्थ

कवि देवीदास कहते हैं कि वार्त्तालाप के क्रम में जो बात अवसर के अनुकूल अच्छी हो, जिसमें वाक पटुता स्पष्ट हो। जो अपनी कथन के अनुरूप तर्क पर खरी उतरे। जिसका एक-एक अंग ठीक हो। जो सच्चाई पर आधारित हो। मन मोहक हो। विचार निष्ठ हो। जिसका परिणाम अच्छा हो। जिसे सुनकर श्रोता का मन और भी सुनने को आतुर बना रहता हों। जो बहुत संक्षेप में थोड़े ही शब्दों में कही गई हो, परंतु जिसका अर्थ बहुत ही गुरु-गंभीर हो। जिसके कहने से दूसरों का हित होता हो तथा सारे कष्ट-संकट दूर हो जाते हों। वेद के समान ऐसी बात ही बात कहलाने योग्य है। बाकी बातें तो बस नाम भर को बातें हैं।

(20)

सरद की चाँदनी[1] से ऊजरे अमोल शुभ[2]
सुन्दर सुवृत्त ते दुरुए दुरिबे[3] के हैं।
बड़ो गुनवन्त देवीदास मन मोहि लेत,
पानिप सौं[4] पूरन सुढार ढरिबे[5] के हैं।
काहू[6] एक कूर[7] की कुटिलता करि फूटि[8] गए
फिर[9] मूढ़ मोरयौ[10] चाहै वे न मुरिबे[11] के हैं
मीतन के मन मोती फाटि टूक द्वै[12] भए सु
लाख[13] दै कै जोरौ कहाँ फेर जुरिबे[14] के हैं ॥ बीस ॥

पाठभेद

उदै–दुरबे 4 सू 5 ढरबे 6 कहूँ 10 मौरयौ
मोड़ी–1 चाँदनीउ 2 सुभ 3 दरबे 4 पानप 5 ढरबे 7 क्रूर 8 फुट 9-10 मूढ़ मोरो 11 मुखे 12-13 सुलाख
अपूर्ण–(सोलहवाँ) 4 सैं 5 ढुरबे 9-10 मुढ़ मेरयौ
हरि–2 सुभ 9-10 मिरि मूढ़ मोरयौ 12 सुलाष 14 जुरबे

भावार्थ

शरद ऋतु की निर्मल उज्ज्वल चाँदनी की भाँति अत्यंत शुभ्र, महा बहुमूल्य, मंगलकारक, सुंदर और बड़े ही सुंदर ढंग से गढ़े गए गोले आकार के वे देदीप्यमान मोती क्या कहीं छिपाने से छिपेंगे भला ? ये मोती बड़े ही गुणकारी हैं, देवीदास कवि कहते हैं कि देखने मात्र से ही मन को मोह लेते हैं। कदंब से आकार के रोमांचक रूप में चमकदार पानी से झलमलाते ऐसे जान पड़ते हैं कि इनका पानी अभी छलका–अभी छलका। परंतु किसी महा कुटिल क्रूर के क्रूरतापूर्ण आघात से जब ये दो-दो टुकड़ों में बिखर जाते हैं तब फिर इनका रुख अपनी ओर मोड़ने का फिर लाख प्रयत्न करो मगर ये दुबारा उस ओर नहीं मुड़ते। जिसतरह भौतिक मोती टूट जाने पर फिर कभी नहीं जुड़ते। उसीतरह अच्छे मित्रों के मन रूपी मोती अगर कहीं तुम्हारी असावधानी से टूट गए, तो फिर उनके मन तुमसे कभी नहीं जुड़ पाएँगे।

(21)

भले बुरे मानस कौ पटंतरो देवीदास
भाँति-भाँति[1] किये[2] ईख[3] और सन देतु है।
बारु[4] आप कूँ छिलाय,[5] खण्ड-खण्ड है पिलाय
मारु खाय[6] परिनांम[7] रस को निकेतु[8] है।
अब सुनौ सन घनौ, फूल-फल वृद्ध[9] करि
जर तैं कटाय[10] पर्‌यौ पानी में अचेतु है।
आप को[11] सराय पुनि आब[12] कौ सराय
निज चाम उपटाय पर बन्धन सौं हेतु[13] है ॥ इक्कीस ॥

पाठभेद

उदै—2 किकियै 6 मार षाय 7 परनांम 9 वृद्धि 11 आप कुँ 13 सुहेतु
मोड़ी—1 भात-भात 3 ईष 4 बार 5 कूछिलाई 6 षाई 10 कटाई 12 आय 13 सुहेतु
अपूर्ण—(21वाँ) 2 किए 3 देत 8 सरम सौं समेत 9 ब्रधकर
हरि—3 ईष 6 षाइ 13 सुंहेतु

भावार्थ

देवीदास कवि कहते हैं कि समाज में अच्छे और बुरे मनुष्यों की प्रकृति का अच्छा उदाहरण ईख और सन के पौधे अपनी-अपनी प्रकृति से प्रस्तुत करते हैं। जहाँ एक ओर ईख अपने तन को छिलवा-छिलवाकर, फिर कई टुकड़े-टुकड़े करवा-करवाकर कोल्हू में पेरवाती है। तरह-तरह की पीड़ा सहती है फिर भी परिणाम में अमृततुल्य मीठा रस देती है, जैसा कि समाज में भले आदमी करते हैं। वहीं दूसरी ओर दुष्टों की प्रकृति की तरह सन का पौधा पहले तो खूब फूलता-फलता, बजता है, फिर जड़ से कटकर पानी में बाँधकर उल्टा पड़ा अचेत रहता है। उसमें डूबे-डूबे वह अपने भी सड़ता है और पानी को भी सड़ा डालता है। उसके बाद निकलता भी है तो अपनी चमड़ी उपटवाने के बाद भी उससे सन और पटुआ जो बनता है, उससे किसी दूसरे व्यक्ति या जीव को बाँधने, डोरियाकर पीड़ित करने में ही उसका उपयोग होता है।

(22)

भले बुरे मामस को पटंतरो[1] देवीदास,
दरजी की सूई कहैं[2] अकेलियै देत हैं।
पैनो और[3] अंबर के[4] गुन माहि[5] छेद पारै
आप गुनहीन तासौं कहै नेत-नेत है।
अब सुनौ दूजे ओरु डोरे की भलाई वहै
गैल तो चलाई पर गुन सौ समेत[6] है।
ढिग-ढिग दूर-दूर[7] जेई छेद पारै वह
तेई यह और करि[8] पूर-पूर लेत है ॥ बाईस ॥

पाठभेद

उदै–8 वह परिपूर
मोड़ी–1 पट तरो 2 सूई कहे 3 चौरु 4 डोरे 7 दुर-दुर
अपूर्ण–(20वाँ पद) 3 घने 5 माझ 8 और कर
हरि–6 समेति

भावार्थ

कवि देवीदास कहते हैं कि भले आदमी और-बुरे आदमी दोनों के ही उदाहरण दरजी की सूई अकेली ही प्रस्तुत करती है। कपड़े में और उस पर लगाए जाने वाले पैबंद दोनों में ही वह छेद करती रहती है, चुभती रहती है। जहाँ डोरा नहीं होता है वहाँ तो कुछ भी करने से मना कर देती है। दूसरी ओर उसमें पिरोए जाने वाले डोरे की भलाई देखो वह उसी सूई द्वारा किए गए छिद्रो के रास्ते से ही तो गुजरता है, परंतु चूँकि वह सगुण है—माने डोरे के साथ है अतः सूई जहाँ-जहाँ छेद करके खोखला करती है, डोरा वहाँ-वहाँ उसे भरता जाता है। इसतरह भले आदमी की तरह सारे छिद्रों को ढँक देता है। इसतरह छेदने के चुभने के साथ-साथ दर्जी की सुई उसे भरने का भी काम संपन्न कर देती है।

(23)

कूवाँ माँझ मेड़कौ[1] तिमंगल ह्वै स्यौ तहाँ
आयौ हंस उड़्यो[2] देख नीच[3] कूप पानियै।
बैठो[4] उपकंठ बोल्यों मरोर सुँ मेडकौ[5]
तूँ को है,[6] हूँ तौ राजहंस, तेरो घरु जानियै।
मानसर केतौ बड़ौ मो फलांग हूँ तै[7] बड़ौ
मेरे घरु हू[8] तै बड़ौ झूठ कैसे आनियै।
जा जीव की जहाँ लौं पहुँच नाहि[9] देवीदास
ताकौ बुरौ मन माँहि तनकौ न[10] मानियै ॥ तेइस ॥

पाठभेद

उदै–2 उड़्यौ
मोड़ी–1 मेड़ कौ 7 तौ
अपूर्ण–(24वाँ पर) 3 नीचै 4 बैठो 5-6 मेडको कौन तू 8 घर ही 9 पहुँचि नाहि
हरि–3 नीचै बैठयौ 6 तूँ कोण है 10 नाहीं

भावार्थ

कवि देवीदास कहते हैं कि एक कुएँ में एक मेढ़क निवास करता था। यद्यपि कि वह था तो एक कुएँ का मेढक ही परंतु वह उसमें समुद्र के सबसे बड़े मगरमच्छ तिमिंगल की तरह घमंड के साथ इतराया रहता था। वहाँ एक दिन एक हंस उड़ता-उड़ता आया और नीचे कुएँ में पानी भरा देख पीने की आशा में वहाँ आकर बैठ गया। हंस को बैठा देख मेढ़क बड़े घमंड के साथ उसके पास आ बैठा और अकड़कर पूछा–तू कौन है रे। उसने कहा–"भाई मैं एक राजहंस हूँ।" तो तेरा घर कहाँ है ?–"मेरा घर तो मानसर में है।"–तो तेरा मानसर कितना बड़ा है ? क्या वह उससे भी बड़ा है जितनी कि मैं फलाँग लगा लेता हूँ ? या कि फिर मेरे इस घर कुएँ से भी बड़ा है ? तूँ इतना झूठ क्यों बोल रहा है ? मेरे घर से बड़ा घर क्या कोई हो सकता है ?

कवि देवीदास सलाह देते हैं कि हे हंस ! अब इस पर तूँ व्यर्थ तर्क मत कर। अरे जिस जीव की जहाँ तक पहुँच होती है, वे बेचारे वहीं तक तो अनुमान कर सकते है। सो उसकी बात का कुछ भी बुरा नहीं मानना चाहिए।

(24)

माथो बन्यो[1] मुँह बन्यौ, मूँछ बनी, पूँछ बनी
लाघव[2] बन्यौ है पुनि बाघ सम तूल कौ।
रंग्यौ-चंग्यौ[3] अंग बन्यौ, लांकु[4] बनी पंजा बन्यौ
कृतमसटा[5] समूह सिंह ही[6] के सूल कौ॥
गूंजबे की बेर मौन[7] गहि बैठे देवीदास
कैसोई सुभाव कूद-फांद[8] फल-फूल[9] कौ।
कुंजर के कुं भहिं[10] बिदारबे की बेर कैसे
कूकर पै निबहैगो[11] स्वांग[12] शारदूल[13] कौ॥ चौबीस॥

पाठभेद

उदै–2 लांघव 3 रंगौ-चंगौ 7 मून 8 कूद-फंदि 11 निबहैगे 12 सांग 13 सार्दूल कै।
मोड़ी–1 बनो 3 रंगो-चंगो 5 कृत मसटा 9 फाल-फूल 13 सारदूल
अपूर्ण–(25वाँ पद) 4 लांकू बन्यौ 6 बाघ ही 7 मोन 10 कुम्भैहि 12 सांग 13 साद्रूल
हरि–4 लांकु बन्यौ 6 सींह ही 12 सांग 13 सारदूल

भावार्थ

कवि देवीदास कहते हैं कि जहाँ तक शरीर के आकार-प्रकार का प्रश्न है, उसके अलग-अलग अंगों का प्रश्न है। वहाँ तक तो सब ठीक ठाक ही हैं। उसके शरीर में भी माथा बना है, मुँह बना है, मूँछे बनी हैं, पूँछ भी है। क्रिया में क्षिप्रता भी वैसी ही तेज़ है। चपलता भी वैसी ही है। बिलकुल बाघ से होड़ लेनेवाली। उसके शरीर पर भी भाँति-भाँति की रंग कारी है। उसकी कमर भी निहायत पतली है। विभिन्न प्रकार की भाव-भंगिमाएँ करने की आदत भी सिंह के समान ही हैं। परंतु कूदने-फाँदने का चाहे जैसा भी उसका स्वभाव हो, जब गरजने का मौका आया, तब तो वह मौन साध बैठ गया। क्योंकि मतवाले हाथी के मस्तक को फाड़ देने का जब मौका आ पड़ा तो फिर सिंह द्वारा किए जाने वाले कार्य का संपादन भला कुत्ते से कैसे कर पाना संभव है ? भले ही वह आकार-प्रकार में सिंह जैसा ही क्यों न हो।

(25)

लोचन चरन चैंचु[1] चोख करि चोखे रंग[2]
देवीदास ऊपर से ऊजरैं[3] अहेरि है[4]।
ऊँची नारि करि बैठे मौन अभिमान गहि
पैंडुक[5] मराल की सी चाल पगु फेरि है।
ऐसी भाँत पेख[6] तोहि हियै अवरेख[7] पुनि
सकल-नकल देखि हंस कहि टेर[8] है।
एकरु[9] भई जु कोऊ पीर[10] आनि मिल्यौ तब
एरे बक[11] बीर नीर छोर को[12] निबेर है ॥ पच्चीस ॥

पाठभेद

उदै—2 रंगे 3 उजरौ उहेरिहै 7 अंबरेष 12 क्यौं
मोड़ी—1 चैचु 4 अहेर 5 मैडक 10 पर 11 बका
हर्रि—4 उहेरिहै 5 पैडक 5 पेष 7 अवरेष 8 टेरु 11 बका 12 क्यौ

भावार्थ

कवि देवीदास कहते हैं कि हे बगुले ! तुमने अपनी आँखों, पैरों, चोंच आदि को खूब भड़कीले रंग लगा लिए हैं। यूँ ऊपर-ऊपर से तुम्हारी शिकारी काया वैसे भी काफी उज्ज्वल है। तुम्हारे पंखों की सफेदी किसी से कम नहीं। गर्दन ऊँची करके बड़े अभिमान से बैठे हो। तुम्हारे चलने की गति भी पंडुक पक्षी और हंस की चाल से मिलती-जुलती है। इसतरह भेष-भूषा और चाल-ढाल की ऐसी नकल कर ली है कि तुम्हारी नकलनवीसी को देखकर कोई भी तुम्हें हंस कहके ही पुकारने को विवश हो सकता है। इसतरह हंस के रूप में तुम माने-जाने जा सकते हो। परंतु अगर कभी कोई जानकार ज्ञानी ध्यानी पीर व्यक्ति आ मिला, तो ऐ वीर बगुले ! तो फिर तुम हंस की भाँति नीर-क्षीर का विवेक कैसे निभा सकोगे ?

(26)

आषाढ़[1] में निपज्यों सावन में लहलहानौ[2]
भादों में पुलंग[3] बाढ़ि पलटाव[4] भरा भरी[5]।
क्वार के कनागत में फूल-फूल मस्त भयो
बरसौं[6] चलाई हे सगाई की खराखरी[7]।
बरु कहै घरु कहै, तिहारो मो पै मया[8] करि
अगहन[9] ब्याह ह्वैहै जैसी है परापरी[10]।
देवीदास देव उठे दांत काटि[11] रह्यौ वह
भाड़[12] भयो भिंडा[13] करिवर[14] सौं बराबरी ॥ छब्बीस ॥

पाठभेद

उदै–4-5 छाड़ लपटाव भराभरी 7 षराषरी 9 अगहनि 11 काढ़ि 12 भांड़
अपूर्ण–(18वाँ पद) 1 आसाढ़ में 4 पलटा 7 षराषरी 11 काढ़ भांड़ 12-14 भिडा करवर
मोड़ी–3 पुलग 4 पलटा 6 बर सो 8 भया 14 करि बरसौ
हरि–7 षराषरी 12 भांकु

भावार्थ

कवि देवीदास कहते हैं कि आषाढ़ के महीने में तो बीज अंकुरित हुआ, सावन में शाखा प्रशाखा में फैला। भाद्रपद में उसमें कलियाँ लगीं। क्वार के प्रथम पक्ष में फूल-फल लगने से पूरी मस्ती में पौधा झूम उठा। जवानी आ जाने पर उसके शादी-ब्याह की भी कोशिशें की जाने लगीं। चाहे उसके लिए वर ढूँढ़ देने की कहो चाहे, उसके लिए अच्छे ठौर-ठिकाने का घर ढूँढ़ देने की कहो, तुम्हारी हम पर कृपा ही है। सो जैसी की परंपरा है अगहन महीने में शादी की रस्म निभा दी जाएगी।

परंतु अपने से बहुत विशाल हाथी से बराबरी करने की बेवकूफी बस भिंडे का पौधा अन्ततः-लतिया दिए जाने से दाँत निपोरता ही रह गया। उतना बड़ा तो हो न सका, उसका अपना जो अस्तित्व था, वह भी जाता रहा।

(27)

को हौ पाइ[1] पर्‌यौ तुम तिवटे[2] मै हूँ जो वट[3]
भये हैं तौ रहै क्यों न त्रसाषा[4] एक टूक है।
साषा[5] जो बढ़ाई तो फले है ऐसे काहे काजै
जापै होत[6] कोरिक[7] पखेरूनि को कूक है।
फले भली करो तौ नये हो ऐसे काहे काजै
नये हौ तो सहौ[8] देवी कोऊ जो कछू कहै।
डार-पात जटा-जूट[9] ऐंचे मति[10] चटकौ जू
बाट में के बट हुवै रावरी ये चूक है ॥ सत्ताईस ॥

पाठभेद

उदै—1 पाप 4 सिषा 5 सिषा 6-7 होति केरुक् 8 सहे 8-9 जटा-ऊट मतचटकौ बाट में
मोड़ी—2 तिबरे 3 ज्यों बर 5 साख जटाहू के
हरि—8-9 जटा-कूट के मति

भावार्थ

कवि देवीदास कहते हैं कि तुम जो कोई भी हो, हे बट वृक्ष ! ठीक तिराहे पर क्यों उगे हो। अगर उगे ही हो, तो अपनी शाखा को एक सिरे से जोड़कर खड़े क्यों नहीं रहते। एक ही लंबे तने के रूप में स्थित रहने की जगह तुमने अपनी शाखा-प्रशाखा यूँ किसलिए फैला ली है ? जिस पर कि करोड़ों पक्षी बैठकर चहचहाते रहते हैं। तुम पर फल भी काफी लग गए हैं। परंतु अपने ही फल भार से इतना अधिक झुक क्यों गए हो ? अगर इतना झुक ही गए हो, तो जो कोई, जो कुछ भी कहे, करे सब धैर्य धारण कर सहो। आने-जाने वाले तुम्हारी डालों को, लटकनेवाली बरोहों को, पत्तियों को तोड़ते-नोचते हैं तो इससे बुरा मानने की कोई बात नहीं है। क्योंकि जब तुम बीच रास्ते में उगे हो, तो इधर से आने-जाने वाले तो यह सब करेंगे ही। रास्ते में उगने की गलती तो तुमने स्वयं ही की है।

(28)

सर[1] सौं, सरोज सौं, सुधाकर सौं, सुक्र सौं
समीर सौं सदाई जाकैं पास अनुसरि[2] है।
अनुचर चातक[3] सौं बगला[4] कौ जातक[5] सौं
भौंर[6] सौं भलाई कहौ कैसे परिहरि है।
हाथी सौं, हरिन सौं, पानी को सौं[7] अंग जाकौ
बन को बिहंग सो पै[8] जाकी ढिग[9] परि है।
देवीदास ऐसे भट[10] बारह जौ बार होय
कहौ धौं बिचार जाकौ बैरी कहा करि है ॥ अट्ठाइस ॥

पाठभेद

उदै–3 जातुक सौं 8 सै पै
अपूर्ण–(26वाँ पद) सरोसौं 2 अनुसर है 4 बुघला 6 भोर सौ 7 सोऊ 11 कहो धों
मोड़ी–1 सरु 6 भीरू 9 ढीग 10 बट
हरि–3 चातुक 4-5 बगुला कौ जातुक

भावार्थ

देवीदास कहते हैं कि सरोवर की भाँति जल से तृप्त रखनेवाला, कमल की भाँति प्रफुल्लित रखनेवाला, चंद्रमा की भाँति शीतल प्रकाश और औषधीय गुण देनेवाला, वायु की भाँति प्राण दान और शीतलता प्रदान करनेवाला, जिसके आस-पास बराबर बना रहता है। चातक की भाँति एक निष्ठ मन से सेवा करनेवाला, बगुले की भाँति ध्यान मग्न रहने वाला, भौरे की भाँति मधु इकट्ठे करनेवाला सेवक भला भलाई कभी छोड़ेगा ? हाथी के समान बलशाली, हरिण के समान तेज गतिवाला, पानी के समान निर्मल स्वभाववाला, जंगल के पक्षियों की भाँति असंपृक्त रहनेवाला सेवक मंडल जिसके आस-पास है। इसप्रकार इन बारह प्रकार के सेवकों से जो चारों ओर से सुरक्षित है। तो भला बतलाओ कि ऐसे शूरवीर का कोई भी अनिष्ट कोई शत्रु क्या कर सकेगा ?

(29)

बिनु कहै सब जानै, सासन[1] सिर पर मानै
साहिब की भीर भानौ[2] मन भाइयतु है।
दुख सुख जी[3] न आनै, थोरेई[4] रहे अघानै
धनी काजैं प्राण[5] दैइ तेई गाइयतु है।
निडरु मैं डरु राखै डर में निडर होय[6]
लाज सौं लपेटे रहे छबि छाइयतु है।
घरी-घरी अरजी न होय, बरजी न करै[7]
(देवी) ऐसे चाकर तौ पूरे पुन्य पाइयतु है ॥ ओन्तीस ॥

पाठभेद

उदै—4 थोरैही
अपूर्ण—भाईयतु है 3 जो 6 होत
मोड़ी—2 भाने 5 प्रान 6 कहै
हरि—1 सासनु

भावार्थ

कवि देवीदास कहते हैं कि ऐसा सेवक जिसे कोई बात कहने की आवश्यकता नहीं पड़ती, बल्कि मालिक का हाव-भाव देखकर ही जो सब कुछ जान लेता है। उसे जो भी आदेश दिया जाता है उसे सिर-माथे चढ़ाकर पूरा करता है। मालिक पर आ पड़ी विपत्तियों को आगे बढ़कर रोक लेता है, उसके सारे संकटों को नष्ट कर देता है। जो अपने स्वामी के मन को भाता है। दुख-सुख की जो भी परिस्थितियाँ आती हैं सबका डट कर मुकाबला करता है, उनसे हैरान-परेशान नहीं होता है। स्वामी की ओर से अगर पारिश्रमिक कम भी मिलता हो, तो भी उसी से संतुष्ट रहता है। महाविपत्ति आने पर स्वामी की रक्षा हेतु जो अपने प्राणों का बलिदान कर देता है। उसी की प्रशंसा होती है। निडर रहने की परिस्थिति में भी वह अंदर-अंदर डरता रहता है। जहाँ महाभयानक डरावनी परिस्थिति होती है, वहाँ वह तनिक भी नहीं डरता। घर-बार, कुल-वंश की लाज को बचाए रखकर वंश की इज्जत चारों ओर बढ़ाता है। थोड़ी-थोड़ी देर में ही जो तरह-तरह की माँग लेकर हाजिर होता नहीं रहता। जिस बात के लिए मना कर दिया जाता है, उसे कभी नहीं करता और करनेवाले आदेशों को पूरा करने से कभी मना नहीं करता। ऐसा सेवक तो बड़े पुण्यों के फलस्वरूप ही प्राप्त होता है।

(30)

प्रान सम राखै[1] ताकौ[2] सुख अभिलाखै
आछे-आछे[3] बैन भाखै[4], सदा वे ही तौ सराहिये।
चित हित पागें कहै काहू के न लागै
परि सरैं भीर भागै[5] ज्यौं[6] दुवन[7] उर दाहिये।[8]
बार-बार तूठैं[9] तकसीर हू सौं[10] रूठै[11]
दोष लावत न झूठैं दुख परै तै निबाहिये।
कृति[12] अति प्रीत[13] और प्रतीति[14] एक रस ऐसें
चाकर कू[15] देवीदास ऐसे प्रभु चाहिए ॥ तीस ॥

पाठभेद

उदै—1 राषै 5-6 लागै ज्युं 8 तूठै 11 कुठैं 13 प्रीन 14 ऐसे प्रतीत
अपूर्ण—(30वाँ) 2 ताकूँ 3 अछ 7 बाहियै 10 सुँ
मोड़ी—1 राखे 4 भाखें 7 दुवान 7 बाहियै 9-11 तकसीर ऊसौ उठे 12 कृत 14 चाकर तो
हरि—1 राषै 4 भाषे 6 बाहिये 14 चाकर कौं

भावार्थ

कवि देवीदास कहते हैं कि जो उन्हें अपने प्राणों की तरह सुरक्षित किए रखता है। हमेशा उनकी सुख-समृद्धि की कामना करता है। जब कभी उनसे बातें करता है अच्छे-अच्छे शब्दों में अच्छी बातें ही करता है। वे बराकर उसी की सराहना करते हैं। जिनके हृदय में हमेशा उनके कल्याण की भावना हिलोरें लेती रहती है। किसी दूसरे के कहने में आकर कोई कारवाही नहीं करते। भारी विपत्ति आ पड़ने पर इसतरह दौड़ पड़ते हैं जैसे उनके ही हृदय में दावाग्नि लग गयी हो। बार-बार प्रसन्न होते रहते हैं। तकसीर से रूठते हैं। झूठ-मूठ में दोष आरोपण नहीं करते। दुःख आ पड़ने पर उनका निबाह करते हैं। जिसका क्रियाकलाप अत्यंत प्रीतिकर होता है। जो बराबर विश्वास बनाए रखते हैं। सेवा करनेवाले सेवकों को तो ऐसे ही सहृदय स्वामी की अभिलाषा रहती है।

(31)

सदाचारलीन सब बात में[1] प्रवीन पाये[2]
अनपायै पीन[3], हीन कबहु न भाख्यौ है।
कुल के कुलीन कपटीन अलसीन जिन[4]
देवीदास लोक-परलोक अभिलाख्यौ है।
ऐसे पूरे पून्यन मिले है[5] जाहि चाकर जे
सॉकरे मैं सुरलोक बेद यह भाख्यौ है।
साहिब कितौकु[6] दै है, केतो[7] सनमान कै है[8]
मान के बदले[9] उन प्रान कर[10] राख्यौ है ॥ एकतीस ॥

पाठभेद

उदै–5 मिलहै 9 बदलै
अपूर्ण–(31वाँ) 1 मैं 3 दीन 6 कितौक
मोड़ी–2 पाये 4 जिनु 6 केतौ
हरि–5 मिलिहै 8 के है 10 करि

भावार्थ

कवि देवीदास कहते हैं कि जो सदा सदाचार करने में ही लगे रहते हैं। जीवन के हर क्षेत्र में चतुर होते हैं। कुछ मिले तो भी प्रसन्न और न भी मिले तो भी भरे-पूरे प्रसन्न रहते हैं। बुरी और ओछी बात कभी नहीं करते। जो वंश परंपरा से ऊँचे वंश के होते हैं। कभी कपट-छल नहीं करते। किसी भी कार्य में आलस नहीं दिखाते, ऐसे आचरण करनेवाले को तो लोक-परलोक हर कहीं लोग पाना चाहते हैं। संकट की घड़ी में अगर किसी को ऐसे सेवक मिल जाते हैं तो वेदों का कहना है कि यह उनके पुण्य का ही प्रताप समझना चाहिए। मालिक कितना पुरस्कार देंगे, या कि कितना सम्मान प्रदान करेंगे ? इसकी चिंता न कर जो स्वामी के सम्मान की रक्षा हेतु अपने प्राण तक न्यौछावर करने को तत्पर रहते हैं, ऐसे सेवक तो भारी पुण्य-प्रताप से ही मिल सकते हैं।

(32)

बात-बात ऊपर जे खुसामद करत हैं जे
मुँह पर मीठ मीठ पीछे चबाइन[1] कौ गरौ।
संपत[2] के साथी स्यार मकसूदीबे[3] हुस्यार[4]
लेबेकुँ[5] हुस्यार ऐसे चाकर कूवाँ परौ[6]।
कृत कूँ[7] न मानै एक डगैं[8] डरु जानै[9] जे
गरज में अरज ठानै तिन बिना ही सरौ।
देवीदास सीरे पेट सेवकन बीच सोधि[10]
ऐसेनि अलूफातैं[11] सवाई दै बिदा करौ ॥ बत्तीस ॥

पाठभेद

उदै—1 चबायन 13 सवाय दे
अपूर्ण—2 सम्पत्ति 5 लबैकुं 6 कूवा दुरौ 12 मुँह लूफा 13 सेवाई
मोड़ी—3-4 मकसुदी बेऊ स्यार 8-9 ढंग टरु जानै 10 सोध
हरि—2 संपत्ति 7 कृत कौ 13 सिवाई

भावार्थ

कवि देवीदास कहते हैं कि जो नौकर या साथी सामने पड़ने पर बात-बात में चापलूसी करते रहते हैं, उनसे सतर्क रहना चाहिए। क्योंकि पीछे-पीछे वे ही नानाप्रकार के आरोप-प्रत्यारोप्र लगाकर निंदा-शिकायत फैलाने के मूल कारण होते हैं। जब तक आदमी धन-संपत्ति से समृद्ध रहता है वे बड़े करीबी साथी की तरह चिपके रहते हैं। मौका पड़ने पर धोखा देने में भी बड़े चतुर होते हैं। हर समय कुछ-न-कुछ ले लेने में बड़े निपुण होते हैं। ऐसे नौकर चाकर तो जाँय चूल्हे भाड़ में। लाख उपकार करो वे कभी भी उपकार नहीं मानते। कुछ कदम साथ निभाने में भी डरते रहते हैं। जब आदमी अपनी ही कठिनाइयों में परेशान रहता है तो उसी का लाभ उठाकर अपनी तरह-तरह की माँगे मनवाते रहते हैं। ऐसे साथ देनेवालों से तो बिना साथ के अकेले-अकेले ही अपना काम करना उचित है। इसतरह के बराबर खाली पेट को भरने के लिए लालायित नौकर को तो अपने नौकरों से छाँट कर अलग कर दो। जरूरत पड़े तो उसके पारिश्रमिक का सवाया दे बिदा करो।

(33)

दूबरे[1] से आवै भूखे[2] काम कूँ[3] किलबिलावै[4]
जित[5] ही लगावै, हम जोई करै[6] सो कहै।
साहिब नै भूखे जान[7] दुरबल की दया आन
मेलि दिए[8] माल पर कहूँ न[9] अटोक है।[10]
जहाँ मुँह घाल्यौ तहाँ गिल[11] गए सरबस
माति[12] गए पलमाहि[13] कौन[14] सुनै को कहै।
फेरि दुहि लीजै तब काम आवै देवीदास
कहियौ[15] विचार ए धुँ[16] चाकर के[17] जो कहै ॥ तैंतीस ॥

पाठभेद

उदै—2 भूषै 3 काम मकु 6 सोई करैं 8 मेल्ह बिसे 16 बिचारियै धा
अपूर्ण—2 भूषे 4 किलमिलावैं 7 आनि जानि 8 मेल्हि दीप 9 कबहूँ 17 कि
मोड़ी—1 ऊबरे 4 किलकिलावैं 4 जिनही 6 जो करै 7 जोन 8 दई 9 कऊन 11 ताल 12 भाँति 13 मांह 16 बिचारियौ घी 17 की
हरि—2 भूषे 15 कहीयौ 17 कि

भावार्थ

कवि देवीदास कहते हैं कि कुछ नौकर ऐसे होते हैं जो काम पर जब भी आते हैं तब महा दीन-दुर्बल बने, भूख से हैरान-परेशान हो ही सामने आते हैं कि उन्हें और उनके परिवार को जीने को अन्न-वसन दो। और जब कोई काम करने को कहो तो बिलबिलाने लगते हैं। जब देखते हैं कि मालिक की दशा ही पतली है, उन्हें ही पेट भरने को भोजन नहीं मिल पा रहा है, तब दिखाने को तो उन पर दया दिखाते हैं, पर मौका देखकर उनका सारा माल-पत्ता साफ कर देते हैं। जिस ओर ही मुँह डालते हैं, सारा-का-सारा हजम कर जाते हैं। क्षण भर में ऐसे मतवाले हो जाते हैं कि किसी की कुछ नहीं सुनते, ऐसे में उनसे कौन कुछ कहे ?

जब उनके द्वारा हड़पा सारा धन दुबारा दुह लिया जाए। फिर वे कंगाल और खस्ता हाल हो जाते हैं, तो फिर पैरों में पड़कर मिन्नतें करने लगते हैं। ऐसे नौकरों के लिए कोई क्या कहे ?

(34)

हितकारी है कैं दसै दाय[1] निज साहिब सौं[2]
हित की न कहै तौहि[3] रुपने[4] मैं खामी[5] है।
वैसे सभासद की सुबुधिनि हृद की जौ
सुनै नहि देवीदास सो तौ सठ सांमी[6] है।
मन्त्री होय हित की कहैया[7] और राजा होय
सार को गहैया[8] तौ तो जोरा वह[9] नामी है
नातर[10] नृपति है विपति[11] ही कौ कामी और
मन्त्री वह निहचै नरक ही कौ गामी है ॥ चौंतीस ॥

पाठभेद

उदै–1 दाइ 5 षामी 6 स्वामी
अन्तिम दो चरणों का पाठ इसमें नहीं है।–संपा.
अपूर्ण–2 सुँ 3-4 तूपनै 7 कहीया 8 गहीया 9 जोरावर
मोड़ी–1 दाव 2 सूँ 3-4 तौ हितुपनै 7 कहिया 8 गहिया 10 नर तर 11 विदति
हरि–1 सुं 2 तूपने 5 षामी 7 कहीया 8 गहीया

भावार्थ

कवि देवीदास कहते हैं कि हितैषी-परामर्शी होकर भी जो अपने स्वामी की संपदा को नष्ट करता है। उसके भले की बातों को छुपा जाता है, ऐसे व्यक्ति को पालने में ही दोष है। जो सभासद अत्यंत सुबुद्धि के साथ परामर्श देते हैं, उन पर अगर कोई राजा ध्यान नहीं देता, तो वह 'स्वयं दुष्ट प्रकृति का राजा होगा। जिस राज दरबार में मंत्री राजा और राज्य के हित की बात करते हैं, और उसका राजा दिए गए परामर्शों में से जो अत्यंत सारवान तत्त्व हैं उनकी पहचान कर उन्हें ग्रहण करता है, तब तो उस राज्य के मंत्री और राजा दोनों की जोड़ी अत्यंत श्रेष्ठ है। अगर ऐसा नहीं है, बल्कि इसके विपरीत उल्टी ही दशा है तब तो वैसा राजा स्वयं ही अपने लिए विपत्तियाँ जुटा लेता है, और छल कपट पूर्ण हानि पहुँचाने वाली बातें समझाने वाला मंत्री तो निश्चय ही बड़ा हरामी होता है। उसकी जगह तो नर्क में ही है।

(35)

बातनि बहनहार[1], बित्त[2] के लहनहार[3]
अन्तर में कारे और ऊपर तैं गोरे[4] हैं।
जानियै[5] उनहि थोरे दिन के हरनहार[6]
दै कै[7] कुमन्त्र स्वामी संकट में बोरे हैं।
नाहिन अनीत के सहनहार[8] हम तेरी[9]
पौर के रहनहार बाँभन हैं, भोरे हैं।
राजानि के चित्त[10] के कहनहार घने पर
देवीदास हित के कहनहार थोरे हैं ॥ पैंतीस ॥

पाठभेद

उदै—1 बहानहार 2 बित 5 जानियौ 7 दैकरि
अपूर्ण—4 गोर 5 जानियौ 6 हिरनहार 8-9 सहनहीन रहमेती 10 चित कहिनहार
मोड़ी—1 बहानिहार 3 लहनिहार 6 हरनिहार 10 चित्र
हरि—7 दे करि 10 चित

भावार्थ

कवि देवीदास कहते हैं बातों की कारसाजी में निपुण बहुत सारे लोग हैं, बातों-बातों से लोगों को ऊँचा चढ़ाकर उनसे धन ऐंठनेवालों की भी कोई कमी नहीं है। परंतु ऐसे तमाम लोग ऊपर-ऊपर से भले गोरे हैं, हृदय के महा काले हैं। ऐसे लोगों की चालें बहुत दिन तक नहीं चलती हैं। वे थोड़े दिनों में ही समाप्त हो जानेवाले हैं, जो अपने मालिक को उल्टी-सीधी, गलत-सलत राय देकर जानबूझकर उन्हें कुएँ में ढकेलते हैं और विपत्ति-दर-विपत्ति में फँसा देते हैं। देवीदास जी कहते हैं कि यह ठीक है कि हम आप के परिवेश में रहनेवाले नागरिक हैं। पर हम छली-कपटी नहीं हैं इसी से हम किसी प्रकार की दुर्नीतिपूर्ण कारवाही को सहन नहीं कर सकते हैं। हम भोले भाले हैं पर स्वाभिमानी ब्राह्मण है, किसी से डरते नहीं। हम अच्छी तरह जानते हैं कि राजाओं-महाराजाओं को जो बात पसंद आती है, उसे कहनेवाले तो भारी संख्या में हैं, परंतु उनके हित की बातों का परामर्श देनेवाले बहुत कम ही लोग हैं।

(36)

एक पाँय[1] पेट सौं लगाइ[2] लीनौ लपटानै[3]
दूजे पाँय ठाढ़ौ मुखै महामौन[4] है गह्यौ।
नारहि[5] नवाइ[6] इकठौरी करि मेंठि[7] खेंचु[8]
पीठ मैं दुराई[9] राखी रूप जाइ[10] नै कह्यौ।
हलिबौ-चलिबौ मेट[11] साँस-बाउ[12] रोकि राखी
आखिनु मैं जी[13] कु दम्भ[14] कापै जातु है कह्यौ।
छोटी-छोटी मछरी[15] निगलबै कुँ[16] देवीदास
देखीयौ[17] बगुला यह प्रभुलासौं[18] ह्वै रहयौ ॥ छत्तीस ॥

पाठभेद

उदै—4 महामौंन 6 नवाय 7-8 मैठि-बैंचु 9 दुराय 11-12 मेटु सा सवाय एक 13 आंषन मैं जीउ 15 मछरीनि 16 छलिबे कुँ
अपूर्ण—1 पाव 2 सुँलगाय 3 लपटाइ 7-8 मैंति चैंच 9 दुराय 12 बाछ 13-14 जीयंदक 18 प्रभुलायौ
मोड़ी—2 लगाय 6 नवाई 8 खैंच 10 जायनी 13-14 जीव दम्भ 17 देखिए
हरि—1 पाव 8 चैंचि 11-12 मेरे सास बाउ

भावार्थ

कवि देवीदास कहते हैं कि अपने एक पैर को उठाकर पेट से लपेटते हुए ऊपर चिपकाकर, दूसरे एक पैर से ही खड़े, इस सावधानी मौन साधे खड़े होकर, गर्दन को झुकाकर, सारे पंखों को बिलकुल समेटकर पीठ में ऐसा छिपा लिया है कि उसके इस रूप का बखान करते नहीं बनता। हिलना-डुलना एकदम छोड़कर, साँस ऐसे रोके हुए हैं कि जैसे हवा का चलना ही बंद हो गया हो। आँखों में ऐसी पैनी दृष्टि है कि जिसे देख जीव स्तम्भित हो जाय। इतनी साधना भरी, इतनी सजग और सतेज चेष्टायें करता हुआ बगुला जैसे महान् तपस्वी सा आचरण कर रहा है, जबकि उसका मूल उद्देश्य तो छोटी-छोटी मछलियों को छलकर किसी तरह पैरों के पंजों में दबोचकर खा जाना है। इसीतरह बाहर से त्यागी-तपस्वी-महात्मा का रूप रचकर लोग असहाय-अज्ञान जनों को छलते रहते हैं।

(37)

मीन ज्यौं न्हाय[1], फनी ज्यौं[2] भखै[3] पौन
मेष ज्यौं पत्र अहार बढ़ावै।
चातक[4] ज्यौं जलहीन रहै नित
न्यौरन[5] ज्यौं गिर ब्यौर[6] बसावै।
खाक[7] में लोट[8] उठै खर ज्यौं अरु[9]
ध्यान धरै बक ज्यौं कहा पावै।
देवी कहै यों[10] सुजान सुनौ[11]
सु दिखारो[12] कियै[13] कछु हाथ न आवै ॥ सैंतीस ॥

पाठभेद

उदै—3 भाषै 4 चातुक 6 ब्यौंर 7 षाक 8 लोट 9 पाठाभाव 10 यैं 11 सुन्यौ 12 दिषारो
अपूर्ण—2 ज्युँ 7 षाष 8 पाठाभाव 10 युँ सुदि दिखारो
मोड़ी—3 भाखै मेख 5 न्यौरनि 9 पाठाभाव 11 सुनौ खरि
हरि—1 न्हाइ 5 न्यौरनि जो 7 षाष 13 की यैं

भावार्थ

कवि देवीदास कहते हैं कि जिसतरह मछली बराबर पानी में रहती है, उसीतरह अगर कोई बार-बार पानी में गोते लगा-लगा नहाता रहे; सर्प की तरह बस वायु का सेवन करते रहकर जीने की असाध्य साधना करे। बकरी की तरह केवल पत्तियाँ चबा-चबा कर दिन बिताए। चातक जैसे स्वाति-जल के अतिरिक्त और कोई जल नहीं पीता, उसीतरह कोई जल का भी परित्याग करने की तपस्या करे। नेवला जैसे पर्वत कन्दराओं में बिल बना रहता है, उसी तरह कोई पर्वत गुफाओं में निवास करे। गदहा जैसे धूल में लोटता है, उसी तरह कोई धूल में ही लोटता-पलोटता रहे। तथा बगुला जैसे ध्यान मग्न रहता है उसी तरह कोई ध्यान लगाता रहे। तो जब तक ये क्रिया-कलाप करके सच्चे अन्तःकरण के न हो, केवल बाहरी दिखावे के लिए यह असाध्य साधन भी किया जाए, तो ऐसी दिखावटी कठिन साधनाओं से भी कोई फल प्राप्त नहीं होता।

पंचन[1] प्रतीत साँच, साँच के समीप हरि
साँच ही ते देव मन वंछित[2] करतु है।
साँच ही तै भुगत[3] मुकत[4] होत साँच ही ते
देखौ देव देत आग पानी न डरतु[5] है।
स्यंघ[6] साँप संकटन[7] बोले तासु[8] साँच लाग्यौ,
साँच तै निसंक देह धीरज धरतु है।
देवीदास मन साँचे देव अनुकूल[9] और
धरम कौ मूल जहाँ साँच आचरतु है ॥ अड़तीरा ॥

पाठभेद

उदै—2 मनबंछत 2-3 मुकति भुकति 6 सिंघ 8 संकटनि 8 तासौं
अपूर्ण—3 भगति 1 अन्तिम दो चरणों का पाठ नहीं है।
मोड़ी—2 मनबंछत 5 न भरतु है 9 आनुकूल
हरि—1 पंचनि 3-4 भुगति मुकति

भावार्थ

कवि देवीदास कहते हैं कि समाज में पंच लोग सत्य पर ही विश्वास करते हैं। जहाँ सत्य होता है, वही प्रभु का निवास होता है। देवता लोग भी सत्य के सहारे ही मनुष्यों की इच्छाओं की पूर्त्ति करते हैं। संसार में जो भी उत्कृष्ट भोग हैं वे भी सत्य से ही मिलते हैं और सत्य के आधार पर ही मुक्ति भी प्राप्त होती है। सत्य के सहारे जीने वाला किसी भी स्थिति में भयभीत नहीं होता, चाहे भगवान आग बरसाएँ, चाहे पानी। जिसे सत्य पर आस्था है उसके लिए सिंह अथवा सर्प किसी का भी भय नहीं होता। वह तो सत्य के सहारे हर स्थिति में धीर-गंभीर बना रहता है। देवीदास का मत है कि सत्य से ही देवता अनुकूल फल देते हैं। वस्तुतः धर्म का मूल आधार वहीं है जहाँ सत्य का आचरण होता है।

(39)

झूठ तैं सकल नेम धर्म[1] पसु पुत्र हानि
झूठ तैं संसार दुःख सिन्धु औलियतु[2] है।
झूठ लै कै सभा माहि[3] भूठी[4] साख भरें[5] ताकौ
पित्रन[6] कूँ नरक किवार खोलियतु[7] है।
झूठी[8] गाँठ बाँधि[9] जहाँ जाए तहाँ न्याय झूठौ
झूठे की संगत किये[10] मार्‌यौ डोलियतु है।
देवीदास कहै तीन ताप आपदा कौ मूल[11]
पापहु को[12] मूल जहाँ झूठ बोलियतु है ॥ उन्तालीस ॥

पाठभेद

उदै–2 ओलियतु 6 पित्रनि 8 झूठ 11 सूल
अपूर्ण–3 बीच 4 झूठ 11 सूल
मोड़ी–1 ध्रम 10 कीये
हरि–1 ध्रम 5 भरै 7 पोलियतु 8 झूठ 9 बाँध 11 सूल 12 पाप ही कौ

भावार्थ

कवि देवीदास कहते हैं कि झूठ के आचरण से सभी प्रकार के नेम-क्षेम, धर्म, व्रत, पशुधन, पुत्रधन, वित्त धन सभी का विनाश हो जाता है। झूठ से मनुष्य दुःख के संसार में बौड़ियाता फिरता है। जो सभासद सभा के बीच झूठी साख भरता है, आधारहीन हेकड़ी दिखाता है, उसके तो पितृ-पितामहों तक को नर्क का वास हो जाता है। कोई विचारक अगर झूठ की गँठरी लेकर ही कहीं जाता है तब तो वह जहाँ भी पहुँचता है वहाँ कभी भी सच्चा न्याय नहीं मिल सकता। झूठे मनुष्य की संगत में रहने वाला हमेशा मारा-मारा फिरता है। कवि देवीदास तो कहते हैं कि दैहिक, दैविक और भौतिक तीनों ही प्रकार के दुःख तापों की मूल जड़ झूठ ही है। यहाँ तक कि जहाँ झूठ बोला जाता है, वहाँ तो पाप की भी जड़ जम जाती है। झूठ के चलते मनुष्य बड़े-से-बड़ा पाप कर बैठता है।

(40)

जो कछु[1] विधाता लिख्यौ लैकरि[2] लिलाट पट[3]
ताही पर आपनौ अमल आपु[4] करि लै।
सोनो[5] के[6] सुमेर भावै मारवार[7] माँहि जाहि
फटै-बढ़ै नाहि यह, निहचै[8] में धरि लै।
देवीदास कहैं जोई हौनहार[9] सोई है है[10]
मन मैं सन्तोष रैन दिना अनुसरि लै।
बापी सर सरिता भरे हैं सात सागर पै[11]
तूँ तौ तेरे बासन समान पानी भर लै ॥ चालीस ॥

पाठभेद

उदै–1 करि 2 लैकबू 5 सोने 7 मारिवारि
अपूर्ण–3 पाट 5 सोने
मोड़ी–3 पार 4 आप 5-6 सोने कौ 8 निहचे 9 हुनहार 10 हुय है 11 में
हरि–पाठभेद नहीं।

भावार्थ

कवि देवीदास कहते हैं कि तुम्हारे ललाट के भाग्य लेख में विधाता ने जो कुछ लिख डाला है, उसी के भरोसे अपना सारा कार्य व्यापार संपन्न करो। उसके अतिरिक्त की चिंता मत करो। जिनकी कामनाओं में सोने का सुमेरु पर्वत ही बसा है, उनकी इच्छाएँ तो कम होने से रहों। उनकी तृष्णा घटने की नहीं। इतना निश्चय समझ लो। मनुष्य के जीवन में जो होनी लिखी है, सो तो होकर ही रहेगी। अतः मन में संतोष धारण कर अपने दिन-रात बिता लो। यह संसार अपरंपार है। यहाँ क्या कुछ नहीं हैं। जल को ही लो, तो नाना प्रकार के कूप, तालाब, नदी ही क्या सातो समुद्र जल से भरे पड़े हैं। परंतु तुम्हें इतने सब कुछ से क्या मतलब ? तेरे पास तो अपनी आवश्यकतानुसार जो पानी भरने का बर्त्तन है, उस बर्त्तन भर में जितना पानी अँटता है, बस उतना भर ले। अपनी आवश्यकता भर का उपयोग कर उससे अधिक को मत ललचा।

(41)

पूरे कुल जनम निरोग हो शरीर घर
विभव[1] विसाल सुरसरि[2] तीर[3] धामु है।
साहसी सपूत सुखदायक कुटंब धर
पतिव्रता[4] नारि[5] यह पूरो मनकाम है।
राम जी भगति[6] सकति[7] दिन दै बै है की[8]
चाकर हुकुमकारी जाकौ जस नामु है।
देवीदास ऐसे गुन पाइयै जगत[9] मै तौ
सुनसानि[10] मुकति कूँ दूर तैं प्रनामु है ॥ इकतालीस ॥

पाठभेद

उदै—2 सुरसरी 6 भक्ति 6 सगति कौं
अपूर्ण—6 भगति 10 सुरसान
मोड़ी—1 विभवि 3 तीस 4 पतब्रता 5 नार 6 भगत 7 सकत 8 दैबैही का 9 जो जग
हरि—2 सुरसरी

भावार्थ

कवि देवीदास कहते हैं कि पारिवारिक जनो, धन-धान्य से भरे-पूरे घर में जन्म मिला हो। अपना शरीर रूपी घर हर तरह से रोग हीन, परिपूर्णतः स्वस्थ हो। वैभव विलास से परिपूर्ण भवन हो। बस यही कि अपना गाँव घर माँ गंगा के तट पर बसा हो। अपने जाये बेटे साहसी हों। परिवार-कुटुंब के सभी सदस्य सुख देने वाले हों। अपनी परिणीता पत्नी पतिव्रता हो, जो हर प्रकार की इच्छाओं को पूरी करती हो। श्री राम के चरणों में भक्ति का अविचल भाव हो। सामर्थ्य बराबर दूसरों को कुछ दे सकने की ही बनी रहे। घर के नौकर चाकर आज्ञा पालन करनेवाले हों। देस-कोस-समाज में यश प्राप्त हो। यदि इस संसार में इतना कुछ उपलब्ध हो, तो फिर सूनी मुक्ति की किसे आवश्यकता है ? ऐसी मुक्ति को दूर से ही प्रणाम करना चाहिए।

(42)

छोटे कुल जनम कुठौर वास देवीदास
रोगल शरीर दिन[1] दुःख सौं[2] भरतु है।
दुखदाता[3] पूत धूत क्रूर[4] माँ कलहिखान[5]
करकसा नारि[6] नैन देखत जरतु है।
पराधीन जीवन अजस लोक पूर रह्यौ
मूरष ह्वै[7] हारे दोऊ[8] हरत परतु है।
ऐसे को जन्म देखौ जग माँझ मेरे जानै
जम के नरकवासी साहिबी करतु है ॥ बयालीस ॥

पाठभेद

उदै—5 कलहिषान ऐसे का
अपूर्ण—3 दुखदात 5 कलहिषान
मोड़ी—1 दीन 2 सुँ 4 कूर 5 कलह खान 6 नार 7 है 8 दोउ
हरि—2 सुँ 5 कलहिषान

भावार्थ

कवि देवीदास बतलाते हैं कि यदि किसी मनुष्य का जन्म बहुत ही तुच्छ कार्य करने वाले छोटे स्तर के परिवार में हुआ हो। उसके रहने की जगह और समाज इतना पतित और बुरा हो कि वहाँ जीना हराम हो रहा हो। उसका शरीर हर समय नाना रोगों से ग्रस्त हो। इसतरह उसके जीवन के पल-छिन-दिन महा यातना में ही व्यतीत हो रहे हों। उसकी अपनी संतानों में उसके अपने ही पुत्र बराबर कष्ट ही पहुँचा रहे हों और महाधूर्त्त हों। उसकी माँ निर्दयी, अत्याचारिणी और नानाप्रकार के झगड़े-फसाद पैदा करती रहनेवाली हो। उसकी परिणीता पत्नी ऐसी कर्कशा हो जिसे देखते ही आँखें जलने लगती हों। सारा जीवन दूसरों के अधीन गुलामी करते-करते ही बीत रहा हो। समाज में चारों ओर निंदा शिकायत और बदनामी ही फैली हो। मूरख बन कर इह लोक-परलोक दोनों से ही हाथ गँवा बैठा हो। तो ऐसे मनुष्य के जीवन को देखते हुए देवीदास का कहना है कि उसकी तुलना में तो नर्क में निवास करनेवाले प्राणी बहुत सुखी और शासनकर्त्ता राजा से राज रज रहे हैं।

(43)

लाजके सुँ[1] जड़ कहै, ब्रती कूँ[2] कपटी[3] कहै
सुचि[4] सौं[5] कहत[6] यह जैसे दम्भ लीनो है।
सूर सूँ निठुर[7] कहै, मृदु बोलै दीन कहै
बकतासुँ[8] बातनि मुखर दोष दीनो है।
कोमल सुँ कहै मतिहीन[9] छमावन्त[10] सौं[11] कहत
असमर्थ यह कैसो भय भीनो[12] है।
देवीदास कहत ऐसो कौन है जो इन मूढ़[13]
दुर्जन[14] जननि करि अंक बिन[15] कीनो है ॥ तैंतालीस ॥

पाठभेद

उदै—1 कैसौं 2-3 सौंक घटी 8 बषतासौं 15 तन
अपूर्ण—6 कहित 7 निबर 9 मतिहीणा 10-11 छिमाव्रत सूँ 13 इन जैसो मूढ़ 15 तन
मोड़ी—1 कै जसूँ 4-5 सूँ 9 मत हीन 10 छमावन्तन 12 लीनो 14 दुजन
हरि—2 सूँ 15 तिन

भावार्थ

कवि देवीदास बहलाते हैं कि ऐसे व्यक्ति जो लज्जालु प्रकृति के मनुष्यों को चेतनाहीन जड़ कहते हैं। व्रत-उपवास और कर्म के प्रति निष्ठा रखनेवाले को कपटी कहते हैं। जो व्यक्ति अपने जीवन में पाक साफ रहकर पवित्र जीवन जीते हैं उन्हें फोर घमंड में डूबा हुआ बतलाते हैं। पराक्रमी शूरवीर को निष्ठुर-करुणाहीन बतलाते हैं और अगर कोई मीठे वचन बोलता हुआ विनम्रता पूर्वक रहता है तो उसे महा दीन-हीन डरपोक बताते हैं। अगर कोई स्पष्ट रूप से अपनी बातें कहता है उसे मुखर होने का, अनाप-सनाप बकने का दोष लगाते हैं। जो अपने व्यवहार में सभी के साथ मधुर आचरण करते हैं, उन्हें मूर्ख बताते हैं। जो बलशाली-पराक्रमी होकर भी दूसरों के अपराधों को अनदेखी कर क्षमा करता रहता है; उस पर आरोप लगाते हैं कि अरे वह तो महा असमर्थ है, कुछ कर ही नहीं सकता, अतः क्षमाशील होने का ढोंग रचता है जब कि वास्तविकता में वह महा डरपोक है। देवीदास जी कहते हैं कि ऐसे मूर्ख जन अपनी माँ की कोख से जन्म लेकर भी उस बेचारी की कोख की बिन कोई संतान जनी हुई कोख की सदृश निरर्थक ही सिद्ध करते हैं।

(44)

मौन बैठ रहै तौ सभा मैं नाम[1] मूक पावै
बोलै बार-बार तौ लबार सगरे कहैं।
ढिग जाय बैठे कहैं ढीठ[2], दूर बैठ[3] कहै
अप्रगल्भ[4] तहाँ[5] कैसी भाँत[6] कर[7] कै रहैं।
छमा[8] करि रहै डरपत[9] स्यार[10] कहै सब
बराबरी करै कहैं नीच के[11] लछन[12] हैं।
देवीदास कहैं जे पराये भये चाकर हैं
ते बिचारे कहौ कौन भाँति के सुख[13] लहैं[14]॥ चवालीस ॥

पाठभेद

उदै–7 करि 12 लषन
अपूर्ण–2 ढीठि 5 कहौ 8 छिमा 11-12 नीचनि के लछिन 13 सुष
मोड़ी–1 नाँव 3 बैठि 6 भाँति 9-10 डरप स्यार 13-14 सुँ खल है।
हरि–4 अप्रगल्भु 13 सुष

भावार्थ

कवि देवीदास कहते हैं पराधीनता का जीवन नरक की यातना से भी कष्टकारी है क्योंकि पराधीन व्यक्ति चाहे अच्छा-से-अच्छा आचरण करता है तो भी लोग उसमें खोट ही निकालते हैं। लोगों की सभा में विनम्रतावश मौन मारे रहता है तो कहते हैं कि अरे उसके मुँह से तो बोल ही नहीं फूटता, वह तो गूँगा है, गूँगा। और अगर अपनी बात कह देता है तो कहते हैं कि वह तो बड़ा ही अशिष्ट और बकबकिया है। वह बेचारा अगर पास में आ बैठता है तो उसे महा ढीठ कहकर डाँटते-फटकारते हैं। अगर दूर जा बैठता है तो महा डरपोक कहते हैं। ऐसी दशा में वह समाज में भला कैसे जिए ? लोगों के अत्याचारों को सहकर उन्हें क्षमा करता रहे, तो उसे महा डरपोक गीदड़ बताते हैं और अगर जैसे-को-तैसा के आधार पर व्यवहार कर बैठें तो उन्हें महा नीच, नराधम कहते हैं। इसतरह जो मनुष्य दूसरों के गुलाम बने हुए हैं। जिन्हें स्वतंत्र होने की इज़ाज़त ही नहीं है, जो दूसरों की सेवा-टहल में खटने वाले नौकर-चाकर हैं वे बेचारे जीवन में भला कैसे सुख प्राप्त कर सकेंगे ?

(45)

बड़ेनि के सीस पै तैं तनकूँ[1] तिनका लेत[2]
ताही[3] थिरता[4] सूँ[5] बाँधे[6] बड़े प्रीत के पनै[7]।
सावधान भये जनमावधि[8] लौं भूलैं नाहि
प्रान याकौ[9] काजै देह[10] ऐसे सुख[11] सूँ सनै।
देवीदास अब सुनौ[12] नीचनि[13] की ऐसी गति
कौन भाँति कीजै हाथ पै से[14] उनके[15] मनै।
प्रान हू लौं[16] दै कै उपकारहि करै जौ कोऊ
ताहू[17] खल[18] तिनका[19] कौ किनका[20] कियँ गनै ॥ पैंतालीस ॥

पाठभेद

उदै–5 सौं 8 जनमावध 10 देहि 14 ऐसे 15 उनक 17 ताहि 20 कनका
अपूर्ण–2 लैत 4-6 थिरवासौं बायैं 9 वाकै 16 लुँ षलि 19 तिनुका 20 कौनु काकियै
मोड़ी–1 तनकु 3-4 ताहाँ धीरता 7 चने 9 याकं कीजै 12-13 सुनो नीचन 16 प्रानहु जलौं 20 किनुका
हरि–9 याके 11 सुष 14 वैसे 16 हु लुँ 17-18 ताहु षल

भावार्थ

देवीदास कवि कहते हैं कि बड़े लोगों के मस्तक पर से एक तिनका भर के वज़न का भार भी अगर उतार दो, तो इतने से उपकार को भी वे बड़ी स्थायी गांठ की तरह बांधे रखते हैं। बड़े प्यार वे इस उपकार को याद किए रखते हैं। उनसे सुदृढ़ संबंध बनाए रहें। सावधान होने पर पूरे जन्म भर वे इसे भूलते नहीं हैं। उनके उपकार के लिए वे सुख पूर्वक प्राण तक न्यौछावर कर देते हैं। जब कि जो नीच प्रकृति के दुष्ट जन होते हैं, उन्हें किसी भी तरह से अपने अनुकूल नहीं किया जा सकता। उनका उपकार करने के लिए यदि कोई अपने प्राण भी उनके लिए गँवा बैठे, तो इस प्राणोत्सर्ग को भी वे एक तिनके का कण भर ही गिनते हैं।

बड़ा आदमी छोटा सा काम कर देने पर जहाँ उसे बहुत बड़ा उपकार मान कर निभाता है। नीच व्यक्ति के लिए प्राण तक लुटा दो तो भी वह उसे किसी गिनती में ही नहीं रखता।

(46)

वहै नर वहै नाँव, वह घर[1] वहै गाँव
वहै[2] कुल इनमें तैं एकहू[3] न चलिगो।
वेही गुण, वहै बलु[4], वेई बोल वहै बुधि
वेई सगे मीतन[5] मैं एक नहि[6] हलिगो।
हाइ एक[7] अरथ विहीन कैसो देखियतु[8]
छिन[9] माहि गुण कौ समूह मानौ[10] गलिगौ।
वहै उन लोगनि कौ और सौं लगन लाग्यौ
देवीदास वेई आँगु[11] स्वाँगु[12] सौ बदलिगौ ॥ छियालीस ॥

पाठभेद

उदै–4 बल 5 मीतनि 7 इक 8 देषीयतु 9 बिन 11 आँग 12 साँग
अपूर्ण–1 घरु 2 वह 6 ठहि। चौथे-पाँचवें चरण का पाठ नहीं है। 11 अंगु
मोड़ी–3 एकहु 5 मीतनि 10 मानू
हरि–1 घरु 5 मीतनि 8 दषीयतु

भावार्थ

कवि देवीदास कहते हैं कि यद्यपि मानव शरीर का सारा कुछ ज्यों-का-त्यों बना रहता है, फिर भी मात्र केवल एक प्राण के चले जाने से सभी कुछ निरर्थक हो जाता है। मनुष्य वही रहता है, उसका नाम, उसका निवास स्थान, उसका वंश सभी कुछ वही का वही बना हुआ है। इनमें एक एक भी नष्ट नहीं हुआ है। उसके गुण-बल-विक्रम, बोल-चाल-बुद्धि, सगे-साथी, इस्ट-मित्र सभी ज्यों-के-त्यों बने हुए हैं परंतु वह अर्थ हीन निरर्थन शब्द सा खोखला हो जाता है। क्षण भर में ही उसके सारे गुणों का समूह जैसे नष्ट-भ्रष्ट हो जाता है। अपने ही घर-परिवार, पुर-परिजन, सगे-संबंधी जो उसे इतना अपना मानते थे, इतना मूर्त्तिवंत-जीवंत और अपना अत्यंत प्यारा-दुलारा समझते थे, अब वे ही उसे उस रूप में न देखकर बस उसकी आकृति-प्रकृति की नकल भर समझने लगते हैं।

(47)

तनु तौ[1] पतनसील जसुकौ अमरु[2] जीय[3]
यह जीय[4] आनि[5] दान[6] चित चाहीयतु है।
बड़े-बड़े महीप सातौं दीपन के दीपक से
बिना दान कहूँ ऐसे दान पाइयतु है।
देवीदास करन की खाल बलि की तौ पीठ
सिवि मास अविनास भयो लुटाइयतु है।
जग देव देख्यौ देव उहि को खलक जानौ
दधीचि के हाड़-गोड़ अजौं गाइयतु है ॥ सैंतालीस ॥

पाठभेद

उदै—2 अमर।—पाँचवे-छठे सातवें चरण में—बलि की तौ पीठ सिव मास अविनास भयो जग देव देख्यौ देह यौं लुटाइयतु है। देवीदास करन षी षालहि षलक जानै— पाठ है।

अपूर्ण— 1 बनिता 5-6 आन दांन। छठे चरण में—बिना सुअ बिनास जयौं जग देव देव्यौ देह लुटायतु है। सातवाँ चरण—देवीदास करन की षालहि षलक जानै।

मोड़ी—3 जान 4 जिय 5-6 आनंदनि

हरि—सातवाँ चरण—देवीदास करन की षालहि षलक जानै

भावार्थ

कवि देवीदास कहते हैं कि मनुष्य का यह शरीर तो नाशवान है, जब कि मनुष्य अपने किए सत्कर्म से अमर बना रहता है। अतः इस तथ्य पर विचार कर मनुष्य को दान-पुण्य पर ध्यान देना चाहिए। इस संसार के सातों द्वीपों में सुविस्तृत धरती पर न जाने कितने राजे-महाराजे हुए जो अपने-अपने समय में दीपक भी भाँति प्रकाशित होते रहे। उनमें से जिन्होंने दान-पुण्य किए उन्हें ही यश का महादान मिला, और भला मिल ही कैसे सकता है ? महाराज कर्ण ने अपना कनक-कुंडल का कवच क्या शरीर की चमड़ी तक दान कर दी, राजा बलि तो वामन भगवान के श्री चरणों में बिछ गए, जिनकी पीठ पर भगवान के पैर पड़े। महाराज शिवि ने तो अपना मांस तक काट-काट कर लुटा दिया। सारे संसार ने, और ऊपर के देवताओं ने इसे अच्छी तरह देखा है। आकाश इस बात का साक्षी है कि दधीचि ने अपनी हड्डियाँ तक दान कर दीं। अपना सर्वस्व दे देने वाले इन नरेशों की यश गाथा अभी भी गाई जाती है जब कि अन्य राजे-महाराजे साधारण दीपक की लौ बिखेर बुझ गए।

ऊजरे महल[1] नाहि पालकी बहल[2] नाहि
चहल-पहल[3] नाहि होम की हवन सी।
माते गजराज नाहि, माँगनै की लाज नाहिं
कवि को समाज नाहिं दीसैं अर[4] बन[5] सी।
देय[6] नाहिं, खाय[7] नाहिं, जोरत[8] अघाइ नाहिं
देवी दास कहैं, वह वसु[9] है बबन[10] सी।
घने दुख जोरि[11], घने दुखनि सौं राखतु[12] है,
यहै जो पैं सम्पदा तो आपदा कवन सी ॥ अड़तालीस ॥

पाठभेद

उदै–7 षाय 8 जोरति 9-10 वसु हैववन 11 जोरी
अपूर्ण–1 महिल 3 पहिल 6 देई 7 षाई 12 राषत तै
मोड़ी–2 पहल 4-5 दीसै अरबन छदेई 12 राषतु
हरि–4-5 दीसै अखन 11 जोरी 12 राषतु

भावार्थ

कवि देवीदास सचेत करते हैं कि मानव समाज में ऐसे अनेक धनाढ्य लोग हैं, जिन्होंने ऊँचे-ऊँचे श्वेत संगमरमर के महल नहीं बनवाये, न तो अपने आवागमन के लिए सुंदर और प्रशस्त पालकी या उसे ढोने वालों या नाना प्रकार की सवारियों की व्यवस्था ही की। उनके यहाँ धर्म-जप तप, यज्ञ-याग-हवन-पूजन इत्यादि के अवसर कभी होते ही नहीं और न तो ऐसे उत्सवों पर होनेवाली कोई चहल-पहल ही होती है। उनके दरवाजे पर मतवाले हाथी कभी नहीं झूमते। उल्टे दूसरों से कुछ मांगने में उन्हें कोई लाज नहीं आती। कवियों-गुणीजनों का कभी उनके यहाँ कोई समारोह नहीं इकट्ठा होता। बस देखने भर को अरबों की संपत्ति दिखाई पड़ती है उन्हें। उसमें से तो वे किसी दूसरे को कुछ देते हैं और न स्वयं उसका उपभोग ही करते हैं। ऐसी संपत्ति तो व्यर्थ के पानी के बबूले सी होती है। उसे नानाप्रकार के दुःख-अपमान सहकर वे जोड़ते हैं। फिर उससे भी अधिक कष्ट झेल-झेल कर उसकी रखवाली करते हैं। उसे अपने भी किसी काम में नहीं लाते। तो ऐसी संपत्ति को अगर हम संपत्ति कहें तो फिर विपत्ति किसे कहेंगे ?

(49)

दाता की उदारताई, सूम की कृपनताई
क्रोध की तपनताई[1] कहौ को बखानि[2] है।
माँगने की हलकाई[3], गुन की सुभगताई
घोरा की तताई[4], ताहि कैसे उर आनि[5] है।
मीत मिलै की सिलाई, मान की रुखाई[6] और
बोल की मिठाई देवीदास सुखदानि[7] है।
कुच[8] की कठोरताई, अधर की मधुराई
कविता की सरसाई जानि है[9] सुजान है ॥ उनचास ॥

पाठभेद

उदै—आरंभिक चरण—सूम की उदारताई दाता की कृपनताई। 2 बषान 6 रुषाई 9 जान है

अपूर्ण—1 उपनताई 5 ताताई 7 सुषदान 9 जान हौ

मोड़ी—3 हलखाई 8 ऊँच

हरि—2 बषान 4 आन 7 सुषदान

भावार्थ

कवि देवीदास कहते हैं कि इस जगत में बहुत कुछ ऐसा है जिसका वर्णन कोई नहीं कर सकता। जैसे दानदाता के हृदय की विशालता, दूसरे के प्रति उसके मन की उदारता का, महा कंजूस के हृदय की कृपणता का बखान भला कौन कर सकता है ? किसी से कुछ माँगते समय माँगनेवाले के व्यक्तित्व के हल्केपन का, तथा गुण के सौंदर्य का, अथवा घोड़े की चपलता कोई भला किस तरह आँक सकता है ? जीवन में संच्चा मित्र मिल जाने के लाभ, अभिमान के रुखेपन और वाणी की मधुरता तो सुख की खान ही है। युवती स्त्री के उन्नत उरोजों की कठोरता और ओठों की मधुरता, तथा कविता की सरसता का ज्ञान तो अत्यंत ज्ञानवान व्यक्ति ही कर सकता है।

(50)

बैठयौ सठ सूम[1] धूम पियै[2] घूमबौ करै
मरोर नारि[3] पीठि दै न दीठ जोर हू सकै।
आछो गुन जोर जाय जोम सूँ सभा मैं बैठि
वैसे भाष भीस सौं कवीस[4] वाद ही बकै।
सुंदर सुरूप[5] मृदु लोयनी[6] तरुनि[7] तूँ तौ
तीछण कटाक्ष तानि तानि तनु[8] कूँ तकै।
लेती मन मूँस कै[9] सुपुंस[10] कोऊ और है है
देवीदास क्यों रिझाय[11] तूँ सकै नपुंसकै[12] ॥ पचास ॥

पाठभेद

उदै—5 स्वरूप 7 तरुन 9 मुसंकै 10 सुपूंस
अपूर्ण—1 सूँव 2 पीयै 6 लोयणी 7 तरुणी
मोड़ी—3 नार 4 कबिस 6 लोइनि 8 तन को मूसिकै सु पूस 11 रिझाई 12 तन पूंसके
हरि—5 स्वरूप 12 तूंन पुंसकै

भावार्थ

देवीदास कवि बतलाते हैं कि महाकंजूस सेठ व्यक्ति धूम्रपान किए घूमता-फिरता रहता है। सुगठित शरीरवाली स्त्री की ओर पीठ दिए दूसरी ओर ही देखता है। आँखों से आँखें नहीं मिला सकता। पहले तो अच्छे-अच्छे गुणों को गिनाने के भरोसे सभा में बड़ी हेकड़ी से जा बैठता है परंतु उसतरह के मात्र भाषणवाजी में वीर लोगों से अच्छे गुणी कवियों का वार्त्तालाप व्यर्थ ही होता है। हे युवती तू तो अत्यंत सुंदर सुगठित शरीरों वाली, मृदुल नयनों वाली तरुणी हो। अपने तीक्ष्ण कटाक्षों को तान-तान कर उनकी ओर क्यों देखती है। अगर कोई पौरुष संपन्न गुणी पुरुष होता, तब तो उसके मन को तूँ अपने बस में कब का कर लिए होती। परंतु जो अगुणी और नपुंसक हैं, उन्हें भला तूँ कैसे रिझा पायेगी ?

(51)

सुन्दर सुघर मृदु आखर[1] मधुर तर
मनोहर मोदकर गुन सूँ[2] समेत है।
काहू कविराज की आवाज़[3] है अमृत रूप
जामैं भारी[4] भारती[5] कलोल मोल लेत हैं।
ताहि सुन[6] कूर[7] कहैं हूँ तौ[8] मूल[9] समझ्यौ न
निज दोष और माहि[10] देबै कौ[11] सचेत है।
देवीदास जैसे ढीली[12] चोली देखि[13] सूकी[14] नारि
हिय कौ[15] ने खोजै[16] दरजीहि[17] दोष देत है ॥ इक्यावन ॥

पाठभेद

उदै—1 आषर 4-5 भारी भारी 10 मोहिं 11 कुँ 12 ढील 15 हिरदौ
अपूर्ण—1 आषुर। चौथी पंक्ति—कहूँ रूप जानै भारती के तोल-मोल लेत है।—6 सुरन 9 मूर 13 देषि 16 षोजैं 17 दरजी कूँ।
मोड़ी—2 सु 3 आवाज़ 8 हुतौ 9 मूढ 16 सुकी
हरि—1 आषर 5 भाइती 7 क्रूर 9 मूर 17 दरजी कूँ

भावार्थ

देवीदास कहते हैं कि किसी कुशल कवि द्वारा रची गई कविता में सुंदर-सुंदर, अच्छे ढंग से गढ़ी हुई, प्रसंगानुकूल मधुर ध्वनियुक्त शब्दोंवाले अक्षरों को अत्यंत मधुर कोमलकांत पदावली में विरचित, मन को मोहनेवाली और आनंद प्रदायिनी रचना जो काव्य के सभी गुणों से संपन्न है। ऐसी रचना को वह कविवर अपनी अमृत तुल्य वाणी से सभा के मध्य ऐसे सुनाता है जैसे वाणी की देवी सरस्वती ही कलोल कर रही हों। ऐसी विशिष्टि गुण संपन्न कविता को सुनकर भी कोही प्रकृति के क्रूरकर्मा लोग कहते हैं कि इस रचना को तो मैं कोई मौलिक रचना मानता नहीं। या फिर उस रचना को जब समझ नहीं पाते तो अपनी गलती को उस रचना या रचयिता पर ही थोपने की कोशिश करने लगते हैं। जिसतरह कि एक ऐसी स्त्री जिसके तन-बदन का तेज ढल गया है। जिसके उन्नत उरोज सूखकर छाती से चिपक गए हैं, फलतः जो भी चोली पहनती है, वह उसे ढीली पड़ जाती है। तो अपनी सूखी काया की कमज़ोरी न देखकर, चोली सीने वाले दरजी का ही दोष बताती है।

(52)

दावानल दारद[1] की देह माँहि दौ[2] लगै जौ
　　　　सोउ[3] तौ[4] संतोष बारि[5] लेइ[6] कै सिराइयै।
आपने अदृष्ट[7] पर हार[8] डार बैठि[9] रहै
　　　　बाद[10] जाँचि[11]-जाँचि कोऊ काहें को संताइयै[12]।
हाय[13] जब आय बैठे सुजन[14] समीप लोग
　　　　अतिथि[15] निरास मांगनौऊ[16] फिर जाइयै।
तिनकूँ[17] धिकार सुने कानन[18] मैं दौं लगे जु
　　　　देवीदास[19] कहै कहौ काहे सौं[20] बुझाइये ॥ बावन ॥

पाठभेद

उदै—1 दरद 2 हूँ 6 लै 7 अदिष्ट 9 बैठ 10 बादि 15 अतिथि 17 तिनकौ 18 काननि
अपूर्ण—3-4 सो कनो 6 लै 11 जाच 16 मागनौक सु
मोड़ी—8 पर हार 11 जाच जाच 12 सुनाइयै 13 हाइ 14 सजन 18 सूँ
हरि—3 सोऊ 5 वार 9 बैठ 10 बादि 13 हाई 15 अतिथ 17 सुदेवीदास

भावार्थ

देवीदास कवि समझाते हैं कि परिस्थितिवश दरिद्रता रूपी दावानल की प्रचंड आग जब शरीर में दाह लगाकर जलाने लगे, तो मनुष्य को इससे बेहाल नहीं होना चाहिए, अपितु उस ज्वाला को शांत करने के लिए संतोष रूपी पानी उस पर उड़ेल कर उसे ठंडा कर देना चाहिए। अपने दुर्भाग्य के आगे हार मानकर बैठे रहने पर लोग स्वभावतः ही बार-बार पूछे जाँचेंगे। इस तरह अपना दुःखड़ा बखान-बखान कर दूसरों को व्यर्थ में क्यों कष्ट दिया जाए ? तुम्हारी इसतरह की निराश दशा देखकर सज्जन लोग तो स्वभवत; ही आकर तुम्हारे पास बैठेंगे। उनका समय भी नष्ट होगा, परेशानी उन्हें और उठानी पड़ेगी। अतिथि और भिखारी तुम्हारे पास आकर फिर निराश हो लौट-लौट जाएँगे। तुम्हारी दशा पर वे जो धिक्कार देंगे, उसकी ज्वाला जब तुम्हारे कानों में घुसेगी, तो बताओ फिर उसे कैसे बुझावोगे ?

(53)

पहिलै तो[1] आ गले सौं[2] प्रीतकरि परिनाम
पदवी कुं पहुँचावे है कै परकाजु[3] सौं।
करि सनमान ले समान ताहि[4] बैठे उहि
गरमा कुं[5] पाय[6] जब होय[7] नैकु साजु[8] सौं।
हलके उठाय[9] ऊँची पदवी कुँ पहुँचावे
नीचै[10] कीजै गरबौ जु[11] होय सिरताजु[12] सौं।
देवीदास तासौं कत राज[13] होय चाकर जौ
गुन कूँ न जानै राजा होइ चुत[14] राजु सौं ॥ त्रेपन ॥

पाठभेद

उदै—3 परिकाज 8 साज 12 सिरताज 14 बुतराज
अपूर्ण—1 तौं 2 आंगलै सुं 3 परकाज 4 तोहि 10 नीको 13 कुत राज्यौ
मोड़ी—2 आगले 4 समान ताहि 5-6 कौ पाई 7 होइ 9 उठाइ 10 नीचो 7 होइ 18 बुत राज
हरि—2 सुँ 11 गरबौ जुँ 13 राज्य 14 बुतराज

भावार्थ

देवीदास जी बतलाते हैं कि कुछ लोग ऐसे होते हैं जो आरंभ में तो आकर गले मिलते हैं। बड़ा प्यार ममत्व दिखाते हैं और बड़े परोपकारी बनकर ऊँची पदवी देते हैं। सम्मान करते-करते समानता पर आ बैठते हैं, फिर ज़रा सा भी अवकाश पाते ही गले आ पड़ते हैं। ऐसे लोगों के मध्य अपने सिरताज को बँचाए रखने के लिए अपनी गरदन नीची ही किए रखनी चाहिए। अगर किसी राजा के नौकर-चाकर, परामर्शदाता वग़ैरह सेवक गुण को नहीं समझते तो उनके चक्कर में पड़ने पर राजा अपने राज्य से पदच्युत हो जाता है।

(54)

बार बार बहुत जतन किये बारु[1] मैथे[2]
पैलै ते परम कष्ट[3] तेल पुनि पावैगो।
काहू[4] एक कालकरि कोऊ एकैहू फेरि[5]
मरू की मरीचिका में प्यास ही[6] बुझावैगो।
पुहुमी पहार[7] परिपूरन पर जरे ते[8]
कदाचित सोधि कै[9] ससैको[10] सींग ल्यावैगो।
देवीदास कहै तीन लोक ऐसे[11] कोउ नाहि
केहू[12] भाँति करि मूरखहि समझावैगो ॥ चौअन ॥

पाठभेद

उदै—1-2 वारहू मै 3 षष्ट 4 कोऊ 5 फेर 6 प्यासहि 8 परजटे तैं 10 सुसैको 11 ऐसौ 12 केहू
अपूर्ण—1-2 वार ही मैं 5 काहू एक फेरि 6 प्यासहि 8 परजटे है 9 सिधि के
हरि—1-2 बारु हुमै 8 परजटें ते 11 लोग अैसो 12 कैहूँ

भावार्थ

यदि कोई अनेकानेक बार प्रयत्न करे बालू को मथकर उससे तेल निकालने का, तो पहले तो उसे महाकष्ट भोगने पड़ेंगे। संभव है कि उतना कष्ट उठा चुकने के बाद वह फिर उससे तेल पा ले। कोई एक व्यक्ति महाप्रयास करके मरुस्थल की मृग-मरीचिका में संभवतः अपनी प्यास भी बुझा ले। पृथ्वी, पहाड़ और तमाम जंगलों को छान-छूनकर, खोज ढूँढ़कर कोई खरगोश के सर पर सींग भी शायद उगा ले। कवि देवीदास कहते हैं कि परंतु इन तीनों भुवनों में कोई भी ऐसा एक समर्थ व्यक्ति नहीं है, जो चाहे जितना भी प्रयत्न कर ले और फिर मूर्ख को समझा ले। अर्थात् हर तरह का असाध्य कर्म तो किया जाना संभव है, किंतु मूर्ख को समझाना संभव नहीं है।

(55)

भौंरन[1] की भीर भई, आस-पास आन छयी[2]
जान्यौ[3] यह राजिव[4] समूल[5] फूल महक्यौ।
सूवा[6] जान स्वाद फल फूल फाल[7] खैहैं[8] हम
गीध[9] ज्रान्यौ मास कौ समूह देख गहक्यौ।
देवीदास कहै जान्यौ[10] हंसनि कमल खण्ड
बाट के बटोहिन[11] को[12] चित्त[13] लोभ लहक्यौ।
ऐरे[14] पापी वृथा[15] बढ़ि निपट[16] निकाम सठ
सेमर[17] के रूख ते[18] अभागे कौन डहक्यौ ॥ पचपन ॥

पाठभेद

उदै—2 छई 10 जान्यै 13 चित 16 निपटि 17 संमर 18 रुषते
अपूर्ण—1 भोरन 2 छई 4 राजीव 7-8 फाल षैहैं 12 क्यों 15 ब्रथा 18 रूष तौ
मोड़ी—1 भोरन 5 सुमूल 6 सुवा 7 काल 9 गीथ 10 जानो 11 बटोहिनि 13 चित 14 ऐरी
हरि—2 छई 4 राजीव 7-8 फालषैहें 11 बटोहिन 15 ब्रथा

भावार्थ

कवि देवीदास सचेत करते हैं कि किसी चीज़ के बाहरी रूप रंग को देखते ही उस पर लुभा जाना ठीक नहीं है। प्रत्येक वस्तु की सारवत्ता की पूरी समझ के बाद ही उसकी प्राप्ति हेतु प्रयत्न करना ठीक रहता है। जैसे कि अत्यंत लाल रंग के डहडहे फूल के सम्पुट को देखकर उसे संपुटित कमल कोरक समझकर उसके चारों ओर भौंरो की भीड़ उमड़ पड़ी। उधर जब सुग्गे ने उसे देखा तो सोचा कि बँधा हुआ अमृत फल ही है जिसे मैं चीर फाड़कर खा जाऊँगा, यह सोच वह भी उसी पर आ टूटा। गिद्ध पक्षी ने जब उस लकलके लाल सम्पुट तो देखा तो सोचा किसी जानवर का ताज़ा-ताज़ मांस खंड ही है जो मेरी क्षुधा की तृप्ति करेगा, सो वह भी झपटा। हँसों की बलाका ने जो देखा तो सोचा कि संभवतः यह काफी ऊँची नाल वाला सनाल कमल ही है, सो इसके नाल खंड तोड़कर नीर के बीच से क्षीर पी लेंगे। यहाँ तक कि रह-चलते बुद्धियुक्त मनुष्यों ने भी जो उसे देखा तो सुपक्व फल मानकर उनके मुँह में भी पानी भर आया। परंतु ऐसे सभी लोगों को कवि सावधान करता है कि व्यर्थ की चेष्टा क्यों करते हो ? सेमल के ऐसे फूल से भला किसका लाभ हो सकता है ?

(56)

नाल सों[1] मिलत[2] जग जीवन सौं प्रीत राखै[3]
सीतल सभाव[4] देखै[5] तीन ताप कौ नसै।
मित्र कौ उदोउ देखै[6] फूल उठे आछी भाँति[7]
कोसहि धरे हैं सुभ वासना लीयै[8] लसैं[9]।
देवीदास कहैं उर[10] संग्रह गुन कौ गहै
दण्ड कौ कठोर मुँह मधु कौ लीये रसैं।
ऐसे कुल कमल के गुन होइ जहाँ यह
निहचै है तहाँ छोड़[11] कमला कहाँ बसै ॥ छप्पन ॥

पाठभेद

उदै–1-2 नालस सूँ 2 राषै 4 देषैं

अपूर्ण–1 नालस 2 राषैं 4 वेषै 6 वास नालीयै

मोड़ी–1-2 नाल समिलत 3 सभाव 4 देखि 5 भाँत 6-7 वास नाली पैल से 8 गुन 9 छोभ

हरि–2 राषै 4 देषैं

भावार्थ

कवि देवीदास समझाते हैं कि समृद्धि की देवी लक्ष्मी की प्राप्ति हेतु अलग से कुछ प्रयत्न करने की आवश्यकता नहीं है। क्योंकि वे पूजन-अर्जन से नहीं, अपितु कमल के फूल जैसे विशुद्ध आचरण से अपने आप ही खिंची चली आती हैं क्योंकि वे तो कमलासना देवी हैं। विशुद्ध पुष्पित कमल के अतिरिक्त वे भला और कहाँ निवास करेंगी। इसीलिए विस्तृत तालाब के सुविस्तृत जल से–मनुष्य पक्ष में–जन जीवन से–जो अपने नाल–मनुष्य पक्ष में संबंधों से–बराबर संपर्क बनाए रखता है। पानी और जीवन जैसा ही उसका शीतल स्वभाव है, जिससे कि वह दैहिक-दैविक भौतिक तीनों संतापों को दूर कर शीतलता प्रदान करता है। सूर्य को–मनुष्य पक्ष में मित्रों के उत्थान–उगते-बढ़ते देख जो पूरे हृदय से अच्छी तरह–खिल–आनंद गदगद हो–उठता है। जिसने अपने कमल कोश में–अपने खजाने में–शुभ-सुंदर सुगंधमयी–दूसरों को सुख पहुँचाने वाली इच्छाएँ–रखता हो। जो अपने हृदय में डोरों–कमलनाल के रेशों–अच्छे-अच्छे गुणों का संग्रह किए हुए हो। जिसका दण्ड–कमल नाल–अत्याचार करनेवालों के लिए बज्र कठोर दण्ड देनेवाला–अत्यंत कठोर हो। जिसके मुँह में–कमल कोरक में मीठा मधु–बराबर मीठी वाणी विलास करती हो। कमलबन के ऐसे सुविकसित सुवासित पुष्प को–अच्छे वंश में उत्पन्न ऐसे सद्गुणी कुलकमल जहाँ, विराजते हों–कमलासना देवी लक्ष्मी उन्हें छोड़ भला और कहाँ निवास करेंगी ?

(57)

पानी तैं कमल भयौ, तातैं कमलासनु[1] है[2]
कमलासनु[3] तैं जग देतु है दिखाई[4] कूँ[5]।
तीन लोक लोकनाथ विश्व ब्रह्मंड बीच[7]
ताकौ मूल पानी जीव जात के सहाई[8] कूँ।
तो सौं बड़ो हवै[9] के[10] कोऊ ऐसौ काम करै ऐसी
काह उपमारे[11] लहि[12] पीर न पराई कूँ।
जाल[13] मैं बँधाइ[14] सरनागतनि[15] जातु, भयौ
धिक्[16] तोय तोकूँ तेरी इतनी बड़ाई कूँ ॥ सत्तावन ॥

पाठभेद

उदै—1-2 पाठ नहीं है। 3 सुकमलासन 5 कौं 11 उपमारे 14 बधाय
अपूर्ण—4 दिषाई 6-7 ब्रह्मांड बीचि 11-12 कु षमोर लहि 13 जल 14 बंधाय 16 धिकूँ
मोड़ी—3 कमलासन 8 सहाइ 9-10 धो कै ऐसो उसमारे 15 सरनाम तनि 16 धिकु
हरि—4 दिषाई 11 ऊषमारे 16 धिकु

भावार्थ

कवि देवीदास कहते हैं कि जो व्यक्ति जितना महान् होता है उसका उत्तरदायित्व उससे भी अधिक महान् होता है। उसके द्वारा की गई जरा सी भी चूक जग हँसाई का कारण होती है। इसी अभिप्राय को वे इसतरह व्यक्त कर रहे हैं कि इस संसार की रचना में सबसे महत्त्वपूर्ण तत्त्व है जल। जल तत्त्व में ही कमल का प्रादुर्भाव हुआ जिससे कि आगे चलकर कमलासन ब्रह्मा जी उत्पन्न हुए, जिन्होंने फिर सारी सृष्टि रच डाली। तीनो लोकों के स्वामी से लेकर ब्रह्मांड के बीच जितने भी जीव हैं सबके जीवन का आधार यह पानी ही है। जब पानी इतनी महानता वाला तत्त्व है तो उस महानता के अनुरूप उसका आचरण भी होना चाहिए। परंतु इतना महान् होकर भी उस पर यह आरोप लगता है कि वह दूसरें की पीड़ा के प्रति सहानुभूति नहीं रखता। उसकी शरण में रहनेवाली मछलियों को जाल में पकड़कर मछेरे उठा ले जाते हैं, तब पानी उनकी कोई सहायता नहीं करता, बल्कि स्वयं जाल के पाश से निकल बचता है। उसके इस आचरण के कारण उसे धिक्कारने से कवि नहीं चूकता। उसकी बड़ाई को भी धिक्कार योग्य ही मानता है।

(58)

पहिलें[1] बिबाद बिवहार धन कौ न कीजै
जाँचियै, न तापैं आय[2] माँगे ताहि दीजिए।
मित्र के घर में घरनी सौं[3] मिलि बैठियै न
हँसियै न दूर बसियै न छोह[4] लीजिए।
कोऊ भेद पारै तौ न भूले देवीदास कहैं
मन की दुरायै न तातौ भयें खीजिए[5]।
प्रीत खोयौ[6] चाहियै तौ कीजिए परस्पर प्रीत
प्रीत राख्यौ[7] चाहिए तो इतनी[8] न कीजिए ॥ अट्ठावन ॥

पाठभेद

उदै–2 पाठाभाव 3 सुँ 4 छोरू 5 षीजिए
अपूर्ण–4 छोरु 5 षीजिए 6 षोई 7 राषी 8 इतनै
मोड़ी–1 पहिले 3 सों 4 छोहु 5 कीजिए 6 खोयो 7 राखी
हरि–3 सुँ 4 छोरू 5 षीजिए 6 षोयो 7 राषी

भावार्थ

कवि देवीदास समझाते हैं दृढ़ मित्रता बनाए रखने के लिए कुछ सावधानियाँ बरतना बहुत आवश्यक है। पहले तो मित्र से व्यर्थ के विवाद न करें। धन का लेन-देन कत्तई मत करिए। उससे कभी भी धन मत माँगिए। परंतु अगर वह धन माँगता है तो अवश्य दे दें। मित्र के घर जाने पर उसकी धर्मपत्नी के साथ अकेले में कभी भी मिलकर न बैठें। मित्र पर कभी न हँसें। साथ ही उससे इतने दूर-दूर भी न रहें कि कभी मुलाकात ही न हो। बराबर उसकी कुशल-क्षेम का पता करते रहें। अपने ममत्व का सबूत देते रहें। कोई दोनों के बीच भेद पैदा करना चाहे तो उसके भुलावे में कदापि न आएँ। मित्र से अपने मन का भेद कभी न छिपाएँ। न तो उस पर क्रोध कर के उससे खीझें ही। अगर मित्र से मित्रता बनाए रखना चाहते हैं तो उसकी पत्नी से प्रीत मत कीजिए। अगर मित्रता को गँवा देने को तैयार हों, तभी मित्र की पत्नी से प्रीत बढ़ाइयै।

(59)

जिनके उदार चित[1] गाँव-गाँव बीच मित्र[2]
पूरे गुनवन्त सबही के सुखदातु[3] हैं।
रूप के उजारे नैन तारनि[4] मैं राखि लीजै
बोलन मैं मोल लेत ऐसी मुख बातु हैं।
साथ लागै सुख फिरै लछि लागी रुख[5] फिरै
भाग खुलै[6] जहाँ को तहाँई चले[7] जातु हैं।
कापुरुष गुनहीन दीन मन नीच नर
तातकी तलाई बीच बैठे कीच खातु[8] हैं ॥ उनसठ ॥

पाठभेद

उदै—2 मिंत 3 सुषदात 6 षुलै 7 चलि षातु
अपूर्ण—1 चित्र 3 सुषदातु 4 तारिनि 5 रुषि
मोड़ी—4 तारेनि 8 खात
हरि—3 सुषदातु 6 षुलै

भावार्थ

कवि देवीदास कहते हैं कि ऐसे लोग जिनके गाँव-गाँव में उदार चित्त वाले मित्र बसे होते हैं। जो हर तरह से पूर्णतः गुणवान हैं, वे सभी को सुख प्रदान करनेवाले होते हैं। रूप के तो वे उजाले ही हैं। ऐसे प्रिय दर्शन लोगों को आँखों की पुतलियों में बसा रखने का मन होता है। उनकी मीठी वाणी तो ऐसी जादूमयी होती है कि सभी का मन मोह लेती है। उनके साथ-साथ सुख चलता है। लक्ष्मी तो उनका रुख देखती फिरती है। जहाँ कहीं भी भाग्य फलवान होता है, वे वहीं चले जाते हैं। परंतु जो नपुंसकों से कायर, गुणहीन और मलिन मन के लोग होते हैं, वे तो बाप-दादों की बनाई तलैया में ही पड़े-पड़े कीचड़ खाते रहते हैं। अपने बाहुबल-बुद्धिबल के भरोसे कहीं अन्यत्र जाकर जीवन जीने की उनकी हिम्मत ही नहीं होती।

(60)

जनम तैं नेहु न करैं सु[1] वहै[2] नीको[3] नर
उदासीन अति ही[4] बुरौ[5] न मन[6] भावनौ।
नेह करि बालक ज्यौं[7] गेह कूँ[8] मिटाय[9] डारै
वह भारी[1] लागै मोहि[10] मन कौ[11] भयावनौ।
देवीदास कहै जैसे जग कौ जनम अंध
देखत[12] मैं ताहिसन[13] लागै अकरावनौ।
आछे भले देखतु हौ[14] कैहूँ[15] फेर फेर[16] गई
आँखन को जैसो नर लागत डरावना ॥ साठ ॥

पाठभेद

उदै—1-3 सुबहुनींकौ 8-9 सौं मिटारि 10 मोह
अपूर्ण—7 बालक कौ 9 भाग 11 कूँ 12 देखन 14 देषतु हौ
मोड़ी—1-2 करेसु चहै 4 अंतहि 5-6 बुरो मन 13 ताड़ सन 14 हों 15 कैहु 16 फेरि फेरि
हरि—4 अत ही 7 ज्युं 9 मिटार 11 कुँ 12 देषत 14 देषतु हौ

भावार्थ

कवि देवीदास कहते हैं जो आदमी जनम से ही प्यार नहीं करता वह अच्छा ही है, चीज़ों से उदासीन होने के कारण चाहे वह मन भावन हो या नहीं, किंतु कम-से कम बुरा तो नहीं ही है। परंतु जो आदमी प्रेम तो करता है, परंतु जिस तरह बच्चा अतिशय प्रेम से घरौंदा बनाता है फिर स्वयं ही उसे तोड़-फोड़कर नष्ट कर देता है, इसतरह का प्रेमी जो प्रेम कर अपने संसार को ही उजाड़ फेंके, मुझे बहुत भयानक लगता है। जैसे कोई जन्मान्ध व्यक्ति जिसी से मिलता है उसी को गलबहियाँ डाल अंकवार में भर लेना चाहता है, उस तरह अगर कोई अच्छा भला आँखों वाला व्यक्ति देखते-देखते ही किसी दूसरे के बहकावे में आकर आँखें फेर लेता है, ऐसा व्यक्ति बड़ा ही डरावना होता है।

(61)

आये गुनी जाचक दुराय[1] मुँह बैठ रह्यौ[2]
परलोक काजैं धनु[3] माथैं धर[4] लेइगौ।
बिना अपराध कै[5] साधु तैं[6] संताये,[7] अब
जीके तीन लोकनि के राज कर लेइगौ।
बुरीनि[8] तैं बंच्यौ[9] नाहि, सुकृत[10] तै सँच्यौ[11] नाहि
देवीदास जान पनौ माथै मार देइगौ।
आये सरनागत[12] तैं आरत तैं राख्यौ[13] नाहिं
अब पुरुषारथहि लै कै बार देइगौ[14] ॥ इकसठ ॥

पाठभेद

उदै–3 धन 4 धरि 10 सुक्रित 13 राषे 14 केइगो
अपूर्ण–सातवीं-आठवीं पंक्तियों का पाठ है–
कुटिल कुचाल भयौ सठ कौ मतौ जु लियौ
जग में जनम पाइ संबल कौसेगो।
मोड़ी–1 दुराइ 2 रहो 5-6 लै कै साध तै 7 संताप 8 कुरीन 9 बचौ 11 सचौ 12 सरनागथ
हरि–6 साध तै 12 सरनारथ 13 राषै

भावार्थ

देवीदास कवि कहते हैं कि तुम्हारी धन-संपत्ति, मान-मर्यादा, राज-पाट का संसार-वासियों के लिए क्या महत्त्व है ? जब कि गुणी-से-गुणी याचक भी तुम्हारे पास जब भी कुछ माँगने आया, हमेशा तुम मुॅह छिपाकर कहीं ऐसी जगह जा बैठे जहाँ से तुम से कोई कुछ पा ही न सके। इसतरह तुमने अपने परलोक के लिए धन को सिर माथे चढ़ा कर छिपाए रखा। जब तुम्हारे हाथ में सत्ता आई तो बिना किसी अपराध के ही तुमने साधु-सज्जन, सीधे-साधे मनुष्यों पर बर्बर अत्याचार कर उन्हें सताया। इसतरह औरों, को मारकर, स्वयं जीकर क्या तुम तीनों लोकों का राजपाट करोगे ? बुरी आदतों से बँचे नहीं। सत्कर्म कर पुण्य का संचय किया नहीं। इसतरह प्राण और प्रण को तो परे ढकेल दिया। दुःखी-दीन मनुष्य तुम्हारी शरण में आए तो उनकी रक्षा नहीं की। इतना सब कर लेने के बाद अपना जो पुरुषार्थ बखानते हो वह किस काम का ? क्या उसे जलाओगे ?

ऐ रे गुनी गुन पाय[1], चातुरी निपुन पाय[2]
कीजिए न मैलो मन काहू जो कछू करी।
बीरन[2] बिराने[4] द्वार गये को[5] सुभाव[6] यह
अपमान-मान काहू नै[7] करी कि जू[8] करी।
कूर[9] पैं कुकवि चलै जात हैं सभा के बीच
ताकौ[10] जो अटोक देवी काहू पलटू[11] करी।
दरवाजै ठाढ़ौ गज कूकरी सुंतू[12] के बीच
कूकरी सुँ कूकरी सुँतू करी सुंतू करी ॥ बासठ ॥

पाठभेद

उदै–2 बीरनि 5 सभाव 6 रै 7 तू 9 तो कौं 10 पलहू
अपूर्ण–1 पाइ 2-3 बीर न बिराने 5 सभाव 11 सभा
मोड़ी–1 पाई रै 10 पल टूँ
हरि–1 पाइ 4 गए कौ 8 क्रूर

भावार्थ

कवि देवीदास कहते हैं कि हे गुणी-गुणज्ञ मनुष्य गुणी होकर, सुंदर सुबुद्धि के भंड़ार होकर तुम अपनी भौतिक असफलताओं के कारण मन मैला मत करो। चाहे कोई तुम्हारे साथ कैसा भी व्यवहार करे, तू उससे अप्रभावित हो अपना कर्त्तव्य करते चलो। जो वीर पुरुष होते हैं अगर उन्हें किसी दूसरे के दरवाजे पर जाना ही पड़ता है तो वे इस बात की कत्तई चिंता नहीं करते कि किसी ने उनकी खातिर-बातिर की अथवा किसी ने उनका स्वागत करने से इनकार कर दिया। कुटिल क्रूर प्रकृति के लोगों के दरबार में तो कुकवि भी चले जाते हैं जहाँ कि तुम्हारा जाना संभव नहीं है वहाँ से भी उन्हें क्या कोई वापस लौटाता है। किसी के दरवाज़े पर हाथी झूम रहा है जिसकी एक ओर तुम हो एक ओर कुतिया है। तो कुतिया तो कुतिया ही है। उसे जो करना है करे। तुम तो अपने काम से मतलब रखो, जो कुछ तुम करोगे, वही तुम्हारा आचरण होगा।

(63)

देवीदास सभा बीच[1] पढ़े[2] सुक से सुकवि रूप
आछे पर गुन की गरूर ताई[3] पकरैं।
लेहु पट पढ़ौ जु पढ़ौ जु यौं[4] लड़ावै[5] भूप
तब[6] वै पियूष से[7] अमोल बोलबो[8] करै[9]।
कहा[10] भयौ काहू जौ[11] कियौ न सनमान कोऊ
पढ़ौ यौं कहै न तौ रहैगे[12] जीभ जकरै।
काक से कुकवि है कु जाइ गहि बैठे, तो वे
कानन संताइबै[13] कुँ काँय काँय[14] न करै ॥ त्रेसठ ॥

पाठभेद

उदै–9 काहू 9 युँ 12 सन्तायबे
अपूर्ण–2 पढ़ै 4-5 याल डावै 6-7 तिब पीहरष से 11 हरे 13 काइँ काँइ
मोड़ी–1 पाठाभाव 3 गहरताई 8 पै 8-9 बोल बकरे 10 रहै जे 12 सताइबेकूँ 13 काँइ काँइ
हरि–बकरै 13 काँई काँई

भावार्थ

कवि देवीदास कहते हैं कि सभा में अच्छे-अच्छे श्रेष्ठ गुण संपन्न कवि मीठी वाणी वाले सुग्गे की भाँति कविताओं का पाठ करते हैं। वे दूसरे कवियों के गुणों का भी समादर करते हैं। राजा जब उन्हें सम्मान देते हुए कविताएँ पढ़ने के लिए आह्वान जनाते हैं, तो अपनी अमृतमयी वाणी की वर्षा करते हैं। ऐसी दशा में किसी गुणी कवि को अगर काव्य पाठ के लिए नहीं बुलाया गया, उनका सम्मान नहीं किया गया तो इससे उनका भला क्या बिगड़ गया ? वे तो अपना मुँह बंद ही किए रहेंगे। जिस सभा-समाज में कौवे से कुकवि जाकर जम गए हों, वहाँ उनकी काँय-काँय न सुनाई देगी तो क्या अच्छे कवि की सुग्गे सी मीठी बोली थोड़े ही सुनाई पड़ेगी ?

(64)

देव नै दरद नाहि, दया देव तरु कौं न[1]
काम कामधेनु[2] कौं न यहै निरधारु[3] है।
पारिजात[4] कौ न पीर चिन्ता चिन्तामनि[5] कौं न
और कौन ऐसो तीन लोक मैं उदारु है।
गरजि-गरजि चारों[6] छोर[7] तैं लरजि परी[8]
धारनि सूँ धरनी काहू न वार-पारु[9] है।
देवीदास कहैं धन्य परजुन[10] देव जगु[11]
ज्याइबै[12] कौं[13] मेरे जान[14] तेरे सिर भारु है ॥ चौंसठ ॥

पाठभेद

उदै—4 पारजात 6 चार्‌यौ 8 पूरी 9 पार 11 जग 12 जायवे कूँ
अपूर्ण—2 कौन 3 निरधार 4 वारजात 5 चिन्तामन 6 चार्‌यौ 7 वोर 8 पूरी 11 जग 12-13 जायबैकुं 14 जाणौ
मोड़ी—1 कुँ न 7 बौरतें 10 परजन 12-13 जाइबे कौ
हरि—1 कुँ न 2 कामधेन 4 वारजात 6 चार्‌यौ 7 बौर

भावार्थ

कवि देवीदास बादल को संबोधित करते हुए—बादल के समान ही लोकहित के लिए दया की वर्षा करनेवाला कृपालु व्यक्ति से—कहते हैं कि इस असार संसार की स्थिति देखने पर मैं ऐसा अनुभव करता हूँ कि इस दुखिया संसार के दुःख के प्रति देवताओं को भी कोई सहानुभूति नहीं है। कल्पतरु जिसकी बड़ाई है कि वह कुछ भी माँगने पर दे देता है, परन्तु उसके इस औढरदानी गुण के रहते हुए भी संसार महा कष्ट में पड़ा सिसकता रहता है, परंतु उसे इसके प्रति कोई दया नहीं आती। इसीतरह ऐसा निश्चित लगता है कि सभी कामनाओं की पूर्त्ति करने में समर्थ कामधेनु को भी लोकहित की कोई कामना नहीं है। पारिजात वृक्ष के हृदय में भी संसार के दुःखी जनों की पीर के प्रति कोई पीड़ा नहीं होती और चिंतामणि के मन में इनके लिए कोई चिंता नहीं उभरती। परंतु धन्य हो तुम पर्जन्य देवता-बादल-जो धरती की तपन बुझाने के लिए, इसके दुःख-कष्ट मिटाने के लिए वनस्पतियों फूल-फल अन्न उगाने के लिए चारों ओर से गरजते हुए बरसकर धरती के ओर-छोर को आप्लावित कर देते हो, मानो समस्त संसार को जिलाने का भार तुम्हारे ही सर पर निर्धारित किया गया है।

(65)

सूम कहै धन लै धरा मैं धरि राखियै[1] सु[2]
अइहै[3] काम जबहि बिपति आंन चूरि[4] है।
दानि[5] कहै काहे कूँ विपत्ति आवै धनीनि कूँ[6]
देवीदास पूरन[7] पुरुष[8] है सु पूरि हैं।
सूम कहै वह तेरौ पूरन[7] पुरुष[8] जौ
कुपित होय संचित[9] बिहीन[10] तूँ बिसूर है।
दानि कहै मूढ़ परमेश्वर[11] कुपित भए
धरती मैं संच्यौतैं सुवातैं कहा दूर है ॥ पैंसठ ॥

पाठभेद

उदै—1 राषियै 4 अचूर 9 पूर 9 संचत 10 बिहारन तू
अपूर्ण—"धन ले धरा में धर रा"—यहीं तक पाठ है, आगे के पाठ नहीं हैं। प्रति यहीं समाप्त हो जाती है।
मोड़ी—2 सुँ 3 ऐहै 6 धनिन कै 7 पूरिन 8 पूरिख 9 सचित 10 बिहान 11 परमेसर
हरि—5 दान राषियौ 7 पुरिष 9 संचति 10 बिहान

भावार्थ

कवि देवीदास कहते हैं कि मक्खीचूस आदमी कहता है कि मनुष्य को अधिक-से-अधिक धन का संग्रह करके बँचाकर रखे रहना चाहिए, उसका उपभोग कर उसे खर्च नहीं कर देना चाहिए। क्योंकि भविष्य में जब कभी बिपत्ति आ घेरेगी, तो वही इकट्ठी की हुई संपत्ति ही काम आएगी। इस पर अपने धन को सँजोए रखने की जगह दीन-दुखियों को दान कर देने वाला दानी पुरुष कहता है कि धनी-मानी व्यक्ति पर विपत्ति आएगी ही क्यों ? और अगर कहीं उसे धन का अभाव हो ही गया, तो सब कुछ का भरण पोषण करने वाला वह परमात्मा तो है ही, वही अभावों को पूरा कर देगा। इस पर कंजूस कहता है कि अगर वह तेरा परमात्मा ही तुझ पर कुपित हो गया, तब संचित धन के अभाव में तो तू कर्म को फूट-फूट कर रोएगा। इस पर दानशील व्यक्ति कहता है कि अरे मूर्ख पहले तो परमात्मा कभी अपने जनों पर कुपित नहीं होते। अगर मान लें कि वे कुपित हो ही गए, तो तेरा संचित धन भला कहाँ बचा रहेगा। कितना ही नीचे धरती में गाड़ रखोगे, वहाँ से ही वह गायब हो जाएगा।

(66)

दानि[1] कहै सुनि सूम जु तूँ धन
देइ न खाइ कहा मति[2] पायौ।
सूम कहै धन देउ न खाउँ सो
दारद के डर कौ[3] डरपायो।
तू जु[4] लुटावत रैन दिना
वरदान कह्यौ किनि है[5] बहकायौ।
देवी कहै धन देत[6] हौं याही तैं
मो ही[7] को दारद कौ डर आयौ[8] ॥ छियासठ ॥

पाठभेद

उदै–1 दानं 3 के 8 पायौ
मोड़ी–2 मत 4 तूल 5 हवै 7 मोहि
हरि–4 तून 6 देतु

भावार्थ

कवि देवीदास कहते हैं कि दानी प्रकृति का मनुष्य पूछता है कि हे कंजूस तू जब धन का न स्वयं उपभोग करता है, और न दूसरों को दान ही करता है तो ऐसे धन का संग्रह भला किस बुद्धि से करता है ? इस पर सूम उत्तर देता है कि दरसल मैं भविष्य में कहीं दरिद्र न हो जाऊँ, इस डर से मैं धन संचित किए रखता हूँ कि भविष्य में काम आए। परंतु तू जो कुछ भी संग्रह करता है, उस धन को किसके बहकावे में आकर इस तरह रातो-दिन लुटाता रहता है। इस पर दान कर्त्ता कहता है कि मेरे हृदय में भी दरिद्रता का डर है, अतः मैं उन दरिद्रों को धन दान करता हूँ जो बेचारे दरिद्रता की मार से मरे जा रहे हैं। उन्हें दरिद्रता की मार न झेलनी पड़े, इसी अभिप्राय से मैं अपना धन उन्हें देता रहता हूँ।

(67)

पानी को भटभटात भेकु जामै डोलत हैं,
कीच बीच काछवे[1] दुरावतु है देह नै।
पंक माहि मुरझानी[2] मछरी तरफराति[3]
कैं करैं[4] गरत[5] माहिं रहे गहि गेहनै।
देवीदास कहैं[6] सूके सर[7] को[8] बिलोकि[9] एक
बिना घनाघन[10] कौनु[11] दुःख[12] इनके हनै।
ताही मैं मतंग माते थाह अवगाहतु है
पल माहिं[13] ऐसी कीन्हीं महाराज मेह नैं ॥ सड़सँठ ॥

पाठभेद

उदै–3 तरफरात 6 सूके 8 क्यौं 12 दुष 13 माही
अपूर्ण–2 मुरझानि 3 तरफरानि 4 करे 5 गरकु 7 सु केसर 9 बिलोक 10 धन धन 11 कौ न
हरि–1 काछबे 12 दुष

भावार्थ

कवि देवीदास कहते हैं कि प्रबल प्रतापी दानदाता की शक्ति सामर्थ्य का कोई अनुमान नहीं लगाया जा सकता। वह क्षण भर में ही सारे अभावों को दूर कर सारी परिस्थिति को ही बदल कर एक नया सुख-सुविधा संपन्न लोक ही सृजित कर सकता हैं। जैसे कि अकाल के मारे धरती के चराचर जीव जब पानी की बूँद-बूँद के लिए तरसते हों। ऐसे सरिता-सरोवर में जहाँ पानी के अभाव के कारण मेढ़क हैरान-परेशान हो इधर-उधर भटक रहे थे। कछुए बिचारे किसी-किसी तरह कीचड़ में अपनी देह छिपाने की कोशिश में लगे थे। पानी से अतिविहीन कीचड़ काँदों में ही मछली तड़फड़ाती हुई प्राण बचाने के लिए क्या कुछ उपाय करे, यह सोचती हुई गड्ढे में अपने घर में बने रहकर अब कोई सुरक्षा का संयोग नहीं ढूँढ पा रही थी। केकड़े गहरे गड्ढे में जा छिपे थे। ऐसे ही एक अत्यंत सूखे सरोवर को देखते हुए कवि कहते हैं ऐसे सरोवर में जीवन धारण करनेवाले प्राणियों की पीड़ा बिना महान् दानी बारिद के भला और कौन दूर कर सकता है ? ज़िसकी क्षण भर में ही ऐसी कृपा हो गई कि पूरा का पूरा सरोवर इतने पानी से भर गया है कि महामतवाला हाथी भी उसकी थाह नहीं ले पा रहा है।

(68)

हरे हरे तरोवर सूकेनि के[1] साथ देख्यौ[2]
चटकि-चटकि बरैं दावानल दाह[3] तैं।
बेलनि[4] समेत ऊँचे-ऊँचे रुख[5] बायुबेग
जर तैं जराक दै कै पल माँहि ढाहे तैं।
ए रे बीर मेह वाही नेह की[6] सुरति[7] करि
देवीदास कहैं तरु तैं ही सीचि चाहैं तैं।
एक तौ नीरद[8] निरदई[9] नीर देइ नाहिं
और दूजै[10] बिजुरीन मारत है काहे तैं ॥ अड़सठ ॥

पाठभेद

उदै—1 सूके निके 2 देषौं 4 रुष 10 औरहु जै
मोड़ी—1 सुकेन के 7 सरत 8 निरद 9 निरदेई 10 औरहु जै
हरि—2 देषौ 3 दाहे बेलन 5 रुष 6 नेइ की

भावार्थ

कवि देवीदास कहते हैं जंगल के सूखे पेड़ों में जो आग लगी है तो उनके साथ-साथ हरे-हरे पेड़ भी चटाक्-चटाक की आवाज़ करते हुए जल रहे हैं। हवा का प्रचंड वेग इतना अधिक बढ़ गया है कि अपनी बेल-बल्लरियों के साथ ऊँचे-ऊँचे पेड़ भी जड़ से उखड़ कर क्षण भर में गिरे जा रहे हैं। कवि दयालु-मेघ से अनुरोध करता है तुम्हारी ही स्नेह वारि से सिंचकर ये वृक्ष पले-बढ़े थे। अपने उसी प्रेम का स्मरण कर इनकी अग्नि बुझाकर इन्हें प्रेम-जल से सींचो। परंतु विपत्ति तो यह है कि मेघ अब महा निर्दयी हो गए हैं। वे अपना प्रेम जल तो बरसा नहीं रहे हैं। उल्टे व्यर्थ में बिजली कड़क-कड़क और प्रहार करतीं जा रही हैं। जाने इन पालनहारों के मन में क्या आ गया है कि वे ही संहारक होते जा रहे हैं।

(69)

ए जु इन बृछनि के औड़ी-औड़ी डारि पै[1] जु
उत्तम अबोढ़ी[2] बोड़ी सौरभ अमापु[3] है।
बरन-बरन पान-पल्लव पुलंग[4] बेलि
सुखनि सौं झेलि रहै मिट्यौं[5] पर तापु है।
औरन के दुख दूर करै खरे-खरे ए जु
फूले-फले हरे तनन कौ न[6] दापु है।
देवीदास करुनापरायन परम दान
पालक पयोद एक तेरो परतापु है ॥ उनहत्तर ॥

पाठभेद

उदै—1 डारियै 3 अचोटी 5 मिटो
मोड़ी—1 डारयै 5 पुल्लिंग
हरि—1 डारेये 2 अछोटी 3 अमायु 4 पुल्लिंग 6 कौन

भावार्थ

कवि देवीदास कहते हैं कि पृथ्वी पर के सभी वृक्षों की आड़ी-तिरछी फैली शाखाओं पर जो उत्तम कोटी के सौरभ से संयुक्त असीम सुख संपदा बिराज रही है। नाना प्रकार के रंग-बिरंगे पत्तों, कलियों, फूलों से बल्लरियाँ लदी-फदी हैं।

सभी मस्ती में झूम रही हैं जिससे दूसरों की गर्मी, दूसरों के कष्ट-दूर हो रहे हैं। ये खड़े-खड़े ही दूसरों के दुःखों को पूरी तरह दूर कर देते हैं। फूल-फल से लदे हुए हरे-हरे तनों वाले इन वृक्षों का प्रताप इतना है कि प्रकृति में इनके रहने मात्र से ही सर्वत्र सुख फैलता है। कवि देवीदास जोर देकर कहते हैं कि वृक्षों के इस महा परोपकारी रूप के मूल में करुणापरायण, सभी का पालन करनेवाले मेघराज बादल का ही प्रताप बिराज रहा है।

(70)

कै तौ देह पाइ[1] धरे धरम के ऐसे पाय[2]
आसन छिंडाय लेह[3] जाते पुरहूत को।
कै तो करि उद्यम अपार धन जोरि कोरिं
धुजतू[4] कहाय[5] काम करि लै सपूत को।
कै तो मनकामना असेष सुख भोगबै[6] कौ
मुकुति कौ मिलै जहाँ मूल पाँच भूत[7] को।
इनमें तैं एकहू[8] बनै न[9] तौ जनम पाय[10]
छेरी के गरे कौ थन दूध कौ, न मूत कौ ॥ सत्तर ॥

पाठभेद

उदै–1 पाय 3 लेत 4 धूरत 7 भूति
मोड़ी–2 पाइ 3 लेह 4 धुरत 6 भोगबे 8-9 एक दुब नैन
हरि–4 घुँजहूँ 5 कहाई 10 पाइ

भावार्थ

कवि देवीदास कहते हैं कि अगर इस पृथ्वीलोक पर तुमने जन्म लिया है तो या तो सत्पथ पर चलते हुए धर्म के ऐसे दृढ़ ब्रती बनो कि धर्म का पाँव पकड़े-पकड़े इतना आगे बढ़ जाओ कि इन्द्र का आसन डोल उठे और तुम स्वयं उस पर आसीन हो जाओ। स्वर्ग का सारा साम्राज्य तुम्हारे चरणों में आ पड़े। अथवा फिर नानाप्रकार के उद्यम व्यवसाय करते हुए अपार संपत्ति इकट्ठी कर के उससे धर्म-कर्म-परोपकार आदि करते हुए वंश का गौरव बढ़ाने वाला प्रसिद्ध होकर वंश का सपूत कहलाओ। अथवा फिर मनुष्य की जो अपरंपार सुख भोगने की अभिलाषा होती है उसे जमकर पूरी करो। पाँचों तत्त्वों की मूल मुक्ति को प्राप्त करो। इनमें से अगर किसी भी एक कर्म का तुमने सफलतापूर्वक आचरण नहीं किया तो तुम्हारा जन्म लेकर इस पृथ्वी पर रहना बकरी के गले में अक्सर थन सी लटकने वाली लर जैसा ही निरर्थक है। जैसे वह न दूध दुहने के काम आता है न पेशाब करने के, उसीतरह तुम भी किसी काम के नहीं।

(71)

नभ मैं निरबल तेरे अंबकन[1] काजे घने
दिनन तैं रह्यौ चैंचु[2] उचकाइ रे।
बापी कूप सर सरितानि सौं न पहिचान
माँगन पै ऐसेनि पै माँगत बलाइ रे।
घन[3] तेरो जल पुरु[4] तो मैं भरपूर रह्यौ[5]
इतेहू कौ कोतह[6] करत हाइ-हाइ रे।
देवीदास चातक के जातक कौ दयाहीन
आपनी मधुर मेघ[7] धुनि तौ सुनाइ[8] रे ॥ इकहत्तर ॥

पाठभेद

उदै–1 अंबकनि 6 को तहै 8 सुनाय
मोड़ी–2 चेचु 3 धन 4 पूर 5 रहौ 6 को तहै
हरि–7 मेष

भावार्थ

देवीदास कवि बादल को संबोधित करते हुए कहते हैं हे मेघ राज ! तुम्हारे एक-एक जल कण को पाने के लिए चातकों के प्यासे बच्चे आकाश की ओर निहार-निहार जाने कितने दिनों से अपनी चोंचें उचका रहे हैं। इन मानी चातकों की स्वसम्मान की भावना ऐसी है कि पानी के लिए कुओं, सरोवरों, नदियों-झीलों के पानी से लबालब भरे होने पर भी उनके पास नहीं जाते, उन्हें जानते तक नहीं। प्यास मिटाने के लिए उनके पास माँगने तो इनकी बला जाए। ये तो उनसे माँगने की बात सोच ही नहीं सकते। हे जल के संग्राहक मेघराज ! तुममें तुम्हारा जल तो पूरी तरह से भरा हुआ है। फिर इतनी कोताही क्यों कर रहे हो ? कि हा-हाकार मची है। अगर तुम इन प्यास के मारे बेहाल चातक के नन्हें बच्चों को अपने जल कण का प्रसाद नहीं ही दे सकते, तो न सही, परंतु इन्हें अपनी मधुर मंद्रध्वनि तो सुना ही सकते हो, सो ज़रा उमड़-घुमड़कर अपनी गर्जना की सुमधुर धुनि ही गुंजाओ, ये बेचारे उसी से परितृप्त हो जाएँगे।

निश्चय ही यह संकेत स्वाभिमानी प्रकृति के किंतु दुर्भाग्य से दीन-हीन स्थिति में रह रहे गुणी-सुधी जनो के प्रति किसी परम संपन्न व्यक्ति की दयादृष्टि न होने पर किया गया है।

(72)

केते दिन चातक के जातके चिचात भये
गात भये सिथिल त्रिषा सौं[1] जोर तरसै ।[2]
तरफै तिलमिलाय निबलौ बिलबिलाय
आसौ[3] पूछि-पूछि बाहि वारद कौं दर सै ।
देवीदास कहै हाय निरदेई[4] नीरद कहाइ
धिक तोकुँ[5] धिक तेरे[6] या[7] घनर सैं ।
जाचत[8] मैं आँसुनि की जितनी गिरी हैं[9] गिन
उतनीयौं बूँद जो[10] पै बारद[11] न बरसै ॥ बहत्तर ॥

पाठभेद

उदै—2 नर से 4 निरदई 5 तौकौं 8 जा तन 8 ही 10-11 बार-बार हू न
मोड़ी—1 से 3 आछौ धन
हरि—4 निरछई 6-7 तरै या

भावार्थ

कवि देवीदास ऐसे सूम प्रकृति के दानी लोगों को धिक्कारते हुए मंतव्य व्यक्त करते हैं जो जाचक को उतना भी नहीं देते जितने की वह मज़दूरी ही कर चुका है। कवि कहते हैं कि पानी की बूँद मिल पाने की लालसा में चातक का नन्हां छौना जाने कितने दिनों से आकाश के चक्कर लगा-लगा कर रोता-चिंचियाता फिरता रहा है। इस चीख चिल्लाहट से उसका सारा शरीर थककर शिथिल पड़ गया है। बेचारा तड़पता, बिलबिलाता फिरता है परंतु फिर चारों ओर पूछताछ कर अंततः फिर उन्हीं महान् दानी बादल की ओर ही आश लगाए देखता है। बादल की दयाहीनता पर कवि कहता है कि जल देने वाला जलद या नीरद कहलाकर भी जो तू एक बूँद पानी नहीं बरसा रहा तो तुम्हारे इस महा आडंबरपूर्ण रूप और उमड़-घुमड़ की गर्जना ध्वनि को धिक्कार है। बेचारे नन्हें शिशु चातक ने तुझसे माँगते-माँगते अपनी आँखों से आँसुओं की जितनी बूँदें स्वयं बाहर छलकाई है अगर गिनकर तुम उतनी भी बूँद नहीं बरसाते, तो कहाँ के तुम नीरद हो, कहाँ के महादानी हो ?

(73)

तैसौ दुःख नाहि देत[1] माँगबो बटाउनि[2] पै
ताहू मैं कुनूका कहुँ माँगबो[3] न पाइबो।
तैसो दुख नाहि देतु आदरु[4] विहीन[5] सूम[6]
गुनहीन आगै दीनहै कै[7] गुन गाइबौ।
देवीदास जिनसौं बराबरि[8] कौ बैठबौ[9] है।
सोइ रव[10] गायबौ रु खेलबो रु खाइबौ[11]।
तैसे दुख देत[12] हैं तिनकैं द्वार जाइबौ[13]
हँसै हैं जिनकी तिनै दीनता दिखाइबौ ॥ तेहत्तर ॥

पाठभेद

उदै—2 बटाउन 4-5 माया दुबहीन 6 सौम 8 बराबर 12 देतु 13 जाय भौंह
मोड़ी—3 माइबौ 7 दीनहु के 9 बैठिबो 10-11 चोर गाइबौ सुख लबो सुखाइबौ
हरि—1 देतु 10-11 सोई और गाइबौरुषैल बौरु पाइबौ। 13 जाइ भौंह

भावार्थ

कवि देवीदास कहते हैं कि स्वाभिमानी व्यक्ति को उस हालत में भी उतना दुख नहीं होता जितना कि एक भीख माँगनेवाले ऐसे पथिक को तब होता है कि जब लाचार हो किसी के आगे हाथ पसारा फिर भी एक कण भी नहीं मिला। जब कोई महाकंजूस आदर नहीं देता तो भी उस गुणहीन के आगे स्वयं अति दीन बनकर उसके गुण गान करते समय जितना कष्ट होता है। जिन लोगों से अपना बराबर मेल-जोल है एक स्वर में हँसते-गाते, खेलते-खिलते रहे हैं ऐसे लोगों में से अगर किसी की आपने कभी बहुत अनादरपूर्वक खिल्ली उड़ाई है, उनके आगे जाकर गिड़गिड़ाकर जब अपनी दीनता दिखानी पड़ती है, तो जितनी दारुण यातना होती है उतनी यातना किसी भी परिस्थिति में नहीं होती।

(74)

जासौं अति प्रीत सब जग मैं विदित होय[1]
जासों पुनि बैरु होइ दसौ दाइ[2] छीजियै।
देवीदास कहै जो जहाज[3] को बनिज[4] करै
धूरत कहावै ताकी बात[5] नहीं कीजियै।[6]
जानै कहूँ पहिलैं कदापि चोरी करी होय
कुल सील रहित बिचार[7] करि लीजियै।
सुख चाहौ आपुकौं[8] तौ सबकूँ[9] सदा को सीख
इतने मनुष्यनि सूँ[10] संगत न कीजिये ॥ चौहत्तर ॥

पाठभेद

उदै–2 दाय 4 बिनज 6 धीजियै 7 बिचारु 10 सौं
मोड़ी–1 होइ 8 आपु कूँ 9 सबकुँ
हरि–3 जिहाज 5 बातैं 6 धीजिये 8 आपु कुँ

भावार्थ

कवि देवीदास कहते हैं कि जिससे आपका पूरे संसार में अत्यंत प्रेम-सद्भाव का भाव फैला रहा हो, बाद में जिससे शत्रुता हो जाए, तो उससे सारे संबंध काट लेने चाहिए। जो इतना बड़ा व्यापारी हो कि जहाजों का व्यापार करता हो, परंतु महाधूर्त के रूप में अगर प्रसिद्ध हो तो उसकी सारी धन संपत्ति को कुछ भी न गिन कर उससे दूर-दूर ही रहिए। ऐसे व्यक्ति भी जिन्होंने पहले कभी चोरी की रही हो। तथा ऐसे जिनके कुलशील का पता न हो। इसतरह के लोगों से ऐसे लोगों को हमेशा दूर ही रहना चाहिए जो संसार में सुखी जीवन जीना चाहते हैं, उन्हें तो निश्चित रूप से।

(75)

क्रूरन[1] सौं मनके गरुरन सौं मलिनन[2] सौं
पातकी सौं तातकी सौं मिलि पै[3] न पीजिए।
बोल के चल चलै सौं[4] मीत के छलछलै सौं[4]
वेद पथ के हलै सौ[4] कबहूँ न धीजिए[5]।
चोर सौं[4] पर बधू के रतिवारे मतवारे
हीन जातनि सौ तजु जौ लूँ जग जीजियै[6]।
देवीदास देह धरे सुख चाहौ आपुकुँ तौ
इतने मनुष्यनि सौं संगत न कीजियै ॥ पचहत्तर ॥

पाठभेद

उदै—1 क्रूरनि हीनजातन
मोड़ी—1 कूरन 3 मिलियै 5 छीजियै जीतियै
हरि—2 मलिननि 4 सुँ 6 जीतीयै

भावार्थ

देवीदास जी कहते हैं कि यदि इस संसार में जीते हुए आप सुख चाहते हैं तो क्रूर कर्मा लोग, जिनके हृदय में दया-मया नहीं है ऐसे लोगों से, जिनके मन गुमान में भरे हुए हैं, जो अपने आगे किसी को कुछ नहीं गिनते, जो बराबर पाप करते रहते हैं। जो बराबर हड़बड़ी में रहते हैं ऐसे लोगों से अधिक घनिष्टता बनाकर खान-पान मत कीजिए। जिनकी बातों का कोई भरोसा नहीं, अपनी कही बात से जो तुरंत ही मुकर जाते हैं, ऐसे मित्र जो पग-पग पर छल-कपट करते रहने के अभ्यस्त हैं। जिन्होंने वैदिक मार्ग को छोड़ दिया है, उन्हें गंभीरता पूर्वक नहीं लेना चाहिए। चोरों से, जो दूसरों की पत्नियों से रति संबंध स्थापित करने में प्रवृत्त रहते हैं उनसे, जो महामतवाले बने रहते हैं, जो बहुत गंदी जगह में जन्मे-पले बढ़े हों, ऐसे सभी लोगों से दूर-दूर रहने की ही कोशिश कीजिए। अगर आप इस धरा पर सुख चाहते हैं। अन्यथा इनके चक्कर में पड़ने पर कभी सुखी नहीं रह सकेंगे।

(76)

कौन दिना कमल बुलावत है भौरनि कूँ
        रूखन[1] पखेरुने[2] कौ[3] वेज[4] मँडरात हैं।
सारस बुलाए कबहूँ धौं[5] सरोवरं नै
        सरितानि[6] छाड़ि यै जु[7] वाही[8] सु समात हैं।
चन्द्रमा की चिट्ठी कब आयी है चकोरनि कूँ
        घन के बुलाये बिनु चातक चिचात[9] हैं।
देवीदास कहैं त्यौं सुकवि गुनी लोग ए' तौ
        दुनी माँझ[10] जहीं कछु देखै[11] तहीं जात[12] हैं ॥ छिहत्तर ॥

पाठभेद

उदै—1 रुषनि 2 पषेरुन 3-4 कौवें जु 7-8 जव हांही 9 चिचातु 11 देषैं 13 जातु
मोड़ी—2 पखेरुनि जुखा ही सुसमात
हरि—1-2 रुषन पषेरुनि 5 छूँ 6 सलितानि 7-8 ज वहाँ ही 9 चिचातु 10 माह 13 जातु

भावार्थ

कवि देवीदास कहते हैं कि व्यक्ति को अपने गुणों का विकास करना चाहिए। जब अपने पास गुण होगा, तो उसका आदर करने लोग स्वयं घिरे आवेंगे। इस बात को चराचर जगत व्यापार से उदाहरण देकर वे समझाते हैं कि कमल कभी भी भौरों को बुलाने नहीं जाता, तब भी भौरों के झुंड उसके पास घिरे आते हैं और मँड़राते रहते हैं। वृक्षों पर पक्षियों के झुंड-के-झुंड अपने आप ही आकर बसेरा लेते हैं। सरोवरों-ताल तलैयों ने सारसों को कभी अपने पास आने का निमंत्रण नहीं पठाया, पर उनसे अधिक पानी रखनेवाली नदियों को छोड़ वे उसी में आकर किलोल करते हैं। चकोरों को बुलाने के लिए चंद्रमा की कभी क्या कोई पाती चकोरों के पास आई है, कदापि नहीं। पर वे तो उसी की ओर टकटकी लगाए देखते रहते हैं। बादलों के बुलाए बिना ही चातक उसकी टेर लगाते हैं। अतएव यह सिद्ध है कि अच्छे कवि, गुणी पारखी लोग जहाँ भी अपने योग्य उत्कृष्ट पदार्थ देखते हैं, वहाँ अपने आप पहुँच जाते हैं।

(77)

एक जात दोऊ एके रुख[1] पर बैठ[2] कहीं[3]
एक से लगत देह हलकी न भारी तै।
एक ही बरन एक ठौर बसु[4] बास[5] हुतौ[6]
अन्तर रती नहु[7] तो देखौ परकारी तै।
को हो या[8] कहत कौन कोइल कवन काक[9]
मूक है रह्यौ न कूर करी चूक भारी तै।
देवीदास कहै अनबोले ही भरम हुतौ
बाइस बलातकारी बोल बाट पारी तै ॥ सतहत्तर ॥

पाठभेद

उदै–1 रुष 2-3 बैठि कहैं 4-6 बस बास हूँ तौ 8 कौ हौ हवाँ
मोड़ी–2 बैठ 4-6 बस बासहु तौ 6 रितीनहु
हरि–1 रुषै 8 ह्याँ 9 काकु

भावार्थ

कवि देवीदास कहते हैं कि कोयल और कौवा दोनों एक ही जाति के पक्षी हैं। वे अगर कहीं एक डाल कर बैठे हैं तो उनका आकार-प्रकार, रंग-रूप आपस में इतना मिलता जुलता है, न कोई छोटा है न बड़ा, न हल्का न भारी, हर तरह से वे एक जैसे ही हैं। एक ही रंग है। रहन-सहन भी एक ही जैसा, एक स्थान का है। देखने में उनमें रत्ती भर का भी कहीं कोई अंतर नहीं है। ऐसी दशा में कोई भी उन्हें देखकर नहीं बता सकता कि कौन कौवा है तथा कौन कोयल है ? गलती बस यही हो गई कि कौवा चुप साधे नहीं रह सका। अपनी बोली बोल देने की भारी चूक उसने कर ही दी। जब तक बोला नहीं था, तब तक भ्रम बना हुआ था, कि उसे भी कोयल समझा जाता, पर बीच में ही बलात् बोलकर उसने अपनी कर्कशता उजागर कर दी।

(78)

लोक माँहि कोयल[1] कौ आदर अधिक देख[2] ?
लवा कहै भूले[3] लोक याके सतकार मैं।
आँधौं कूरि कारी दारी बोल भारी भारी जग
मौह्यौ तै कुकलियारी[4] जाने तेरे पार[5] मैं।
ए रे वीर लावक ए लोक मोसौं मया करैं
काहे तैं धौं तोही[6] भूँजि[7] खात[8] हैं अहार मैं।
काहे की बहस[9] मोहि तोहिं देवीदास कहैं
मेरौ घर आम्ब पर तेरौ घरु झार[10] मैं ॥ अठहत्तर ॥

पाठभेद

उदै–2 देषि 8 षातु 10 झारू
मोड़ी–1 कोइल 3 भूलो 4 कुकिलिया री 6 तोहि 7 भुजि
हरि–2 देष 5 प्यार 8 बहसि 10 झारु

भावार्थ

कवि देवीदास कहते हैं कि संसार में कोकिल पक्षी का विशेष आदर सत्कार देखकर लवा नामक पक्षी जल उठता है और उस जलन भाव में कह उठता है कि लोग व्यर्थ में ही इसका आदर-सत्कार करते हैं। अरे यह है ही क्या ? अँधेरे जैसी महा काली, क्रूर है। इसने अपने बोल बोलकर के जगत को मोह लिया है। अरे काली क्रूर कोइलिया मैं तेरी सारी औकात जानता हूँ। तू झूठ-मूठ में मत इतरा।

यह सुनकर कोकिल कहता है प्यारे भाई लवा पक्षी ! अब तो वे लोग ही जाने कि क्यों वे मुझे इतना प्यार करते हैं, और तुझे भुन कर खा जाते हैं। मुझमें तुझमें अपना-अपना चाहे जो कुछ भी गुण-दोष हो, हमारा आपस में झगड़ा कैसा ? कैसी व्यर्थ बहस की ज़रूरत ? अरे मेरा बसेरा तो उधर अलग अमराई के आम की डारी पर है, जबकि तुम्हारा निवास झाड़-झंखाड़ है। हममें स्पर्धा ही कैसी ?

(79)

फल रहे रुख[1] फल भूख लागै तोरि खाँहि[2]
प्यास लगै अनायास भरे नदी नारे[3] हैं।
पालकी[4] पुहुमि[5] पूरी सेज लौं[6] बिछाय राखी
गडुवा[7] सुभर[8] भरे एई भुज भारे हैं।
गिरि गुहा गेह मति गेहिनी सुँ नेह कीयै[9]
देवीदास कहै जोगी जगु[10] जाल जारे हैं
जे इन्हैं[11] डुलावत है बार-बार तौ इनके
याके कारबार बार बार बार मारे[12] हैं ॥ ओन्यासी ॥

पाठभेद

उदै–1 रुँष 2 षाँहि 4 फलकी 5 पुहुम 6 लै 9 कियौ 10 जग 11 इनै
मोड़ी–7-8 गढेवासु भर
हरि–1 रुँष 2 षाँहि 3 तारे 7 गैदवासु 12 वारमारे

भावार्थ

कवि देवीदास कहते हैं इस संसार में सभी लोग सुख-सुविधा जुटाने में ही लगे नहीं रहते। सन्त-सज्जन प्रकृति के महात्मा किसी भी सुख-सुविधा का साधन जुटाने की चिन्ता नहीं करते। भूख लगी तो प्रकृति में प्रभत वृक्षों के फल-फूलों का आहार कर लिया। प्यास लगी तो नदी-नाले तो भरे ही हैं। अपनी अँजुरी का ही गडुवा बनाकर पानी पी लिया। नींद आई तो यह धरती माता ही उनके लिए सुन्दर पालकी का सुख देती है। जिस तरह साधारण गृहस्थ अपनी पत्नी से प्रेम करते हैं, घरबार में अनुरक्त रहते हैं, उस तरह वे पहाड़ों की गुफाओं से ही प्रेम करते हैं। ये जोगी-जती लोग सांसारिक जंजालों को जला डालते हैं। मोह-माया त्याग देते हैं। जो इन्हें इनके मार्ग से विचलित करने की कोशिश करते हैं, तो इनका सदाचरण उनके ऐसे कर्मों को असफल बना देता है।

(80)

सज्जन[1] कुलीनन के पहलैं तौ[2] कोप[3] नाहिं
कदाचित करैं छिन एक मैं परिहरैं[4]।
छिन[5] मैं न छूटे[6] कोप काहू एक कारन तैं
तो पर[7] बिरोधी के बिकार कौ नहीं धरैं।
देवीदास बड़ेन के कोप के फल की बेर
छोड़ कै विकार बैरी हूँ कूँ सुख[8] सूँ[9] भरैं
बड़ेन[10] की बैरुखीं[11] की बोल[12] न गरागरी[13] सूँ
नीचनि[14] के नेह की बराबरी ताऊ करैं ॥ अस्सी ॥

पाठभेद

उदै–1 सजन 8 सुष 11 बेरुषी 12-13 बोलन नगरागरी सुँ
मोड़ी–1 सजन 2 तो 4 परहरैं 5-6 छिन मैं छूटै 10 बड़ेनि 11 बैरुख 14 नीचन
हरि–3 कोपु 7 तौपर 8-9 सुष सूँ 11 बैरुख की

भावार्थ

कवि देवीदास कहते हैं कि जो मनुष्य स्वभाव से सज्जन होते हैं, उन्हें किसी पर क्रोध होता ही नहीं। यदि किसी कारण से विवश होकर वे क्रोध कर भी बैठते हैं, तो कुछ ही क्षणों बाद फिर क्रोध का भाव छोड़ देते हैं। उसके प्रति स्नेह करने लगते हैं। यदि कोई ऐसी बात हो गई कि उनका क्रोध नहीं भी छूटा तो भी वे विरोधी के दोषों को, उसकी दुष्टताओं को कोई महत्व नहीं देते। साधारण व्यक्ति किसी पर क्रोध करता है तो उसके परिणामस्वरूप उसका बहुत अनिष्ट करता है परन्तु सज्जन अपने क्रोध के परिणाम में अपने शत्रु का भी भला ही करते हैं। उसे सुख-समृद्धि देते हैं। सज्जन व्यक्ति अगर किसी से बेरुखी रखते हैं, तो भी उनका व्यवहार नीच व्यक्तियों की मित्रता या प्रेम-प्यार के भाव से भी अधिक लाभदायक ही होता है।

(81)

ऐसौ कोऊ न मिलै जासौं[1] मिल[2] बैठि
दुख[3] पेट कौ कहीजै सुनि लेय[4] होत भेंट मैं।
ताघरी घटाय आधे आध कै बँटाइ[5] लेइ[6]
ऐसौ आस नाव[7] तौ न आवै कोऊ जेठ[8] मैं।
देवीदास दीसै सब स्वास्थ के परायनि[9]
तिन सौं[10] दुख[11] झींखबै कौ लियौ नभ[12] भेट[13] मैं।
बात के बबूला पेट भीतर ही उठै
रसना के लहर[14] आइ फिर जात रहै पेट मैं ॥ इक्कासी ॥

पाठभेद

उदै–1 जासूँ 3 दुष 5 घटाय 6 लेय 7 आसनाव 12-13 न ममेट 14 लार
मोड़ी–2 मिलि 4 लेत 7 आस नांव 8 जेट 9 पराइन 14 लैर
हरि–3 दुष 6 आस नावतौ 11-सुँ दुष 12-13 नगमेट 14 लेइ

भावार्थ

कवि देवीदास कहते हैं कि स्वारथ के इस संसार में ऐसा कोई नहीं मिलता जिससे मिल बैठ कर अपने मन का दर्द कहें और वह सहानुभूतिपूर्वक उसे सुन ले। इसतरह समवेदना पूर्वक जब कोई किसी के हृदय की व्यथा सुनता है तो जैसे वेदना को आधा बँटा लेता है। दुःखी व्यक्ति का दुःख आधा हल्का हो जाता है। परंतु ऐसा कोई प्रेमी हृदयवाला व्यक्ति तो दुःख की प्रचंड गर्मी की इस बेला में आता नज़र नहीं आता। जिसे देखो वही स्वार्थ का पुतला है। सभी अपना-अपना लाभ उठाने की घात में लगे दीखते हैं। उनसे अपना दुःखड़ा रोना व्यर्थ में आकाश अपने जिम्मे लेना है, जिससे कुछ भी हाथ नहीं आता। स्वार्थ से अंधी ऐसी दुनियाँ को देखकर मन की वेदना को प्रगट करने के लिए बातों के बगूले पेट से छूटते रहते हैं परंतु जिह्वा के अग्रभाग पर आते ही जब यह अनुभव होता है कि उन्हें सुनकर सहानुभूति दिखानेवाला तो कहीं कोई है ही नहीं, अतः कहने से क्या फायदा, बातें फिर पेट में समा जाती हैं।

करतार मारैं जग आय कै जमा[1] हारै
कौ रन[2] परे हैं धिक उनके समाज कूँ[3]।
पीर न[4] पराई एक स्वारथ पराइन[5] हैं
पेट ही के चेरे[6] जे चुभावैं[7] बीज भाज कूँ[3]।
ऐसो कोऊ बिरलो[8] विरंच नै बनायौ है जु
पेट हू पराये[9] काजै लेत नीर नाज कूँ[3]।
आपनै उदर काजै पीवे बाड़ वाग जोई
सोई पानी पीवत पयोद[10] पर काज कूँ[3] ॥ बयासी ॥

पाठभेद

उदै–1 जनम 2 कौरिन 3 कैं 4 पीरनि 5 परायनि 6 चेरें 7 चुमावैं 9 परायैं 10 पयौद
मोड़ी–6 चरै 9 पराये
हरि–3 कै 5 पुराइन 7 चुमावैं 8 बिरलौ 9 भरायै

भावार्थ

कवि देवीदास कहते हैं कि भाग्य के मारे हुए ऐसे लोग जो जीवन में अपना सब कुछ गँवा बैठे हैं तथा ऋण-ग्रस्त होकर निरर्थक हो हाथ-पाँव फुला बैठे हैं, ऐसे लोगों के समाज को धिक्कार है। जिन्हें दूसरे की पीड़ा के प्रति कोई समवेदना नहीं होती, बस एक अपना मतलब ही सदा दीखता है। जो सारा कुछ बस अपने पेट में ही हजम करने के चक्कर में ही जुटाते रहते हैं। ऐसे लोगों का जगत में जीवन व्यर्थ हैं।

जब कि विधाता ने इस असार संसार में कुछ ऐसे बिरले व्यक्तियों को भी बनाया है जो सारी समस्याओं को झेलते हुए भी अपने भीतर भी संग्रह बस इसीलिए करते हैं कि दूसरों के काम आए। अपने पेट में भी जो अन्न-जल ग्रहण करते हैं वह दूसरों के हित साधन के लिए ही। जैसे कि महाउपकारी समुद्र अपने लिए तो बड़वानल की ज्वाला पीता है, जबकि दूसरों के लिए जो जलपीता है उससे बादल उत्पन्न कर समूची पृथ्वी की तृषा हरकर जल से परिपूर्ण कर देता है।

(83)

के तौ जगु जोग करि, के तौ सुख भोग करि
के तौ गुन रूप करि नाम न कटाइहैं[1]।
कै तौ दानसील ह्वै कै, जोरावर डील हवै कै
सूर[2] सिर मौर ह्वै कै गीतनि[3] गवाइहै।
के तौ जग पूज ह्वै कै, तप तेज पूंज ह्वै कै
इनमैं[4] ते एकहू जसै[5] न उपजाइहै।
जाय[6] ऐसे पूहि सपूती भई है तौ देवी
दास कहैं कहौ कौन बाँझ सी कहाइहै ॥ तिरासी ॥

पाठभेद

उदै–1 कटाई है 2 सूरि 4 ईनमै
मोड़ी–3 गीत न 5 जु से
हरि–1 कटाइयौ 5 जाए

भावार्थ

कवि देवीदास कहते हैं कि इस संसार में जन्म लिया तो या तो महायोग साधन कर योगीश्वर बन कर यश लाभ करे अथवा फिर पूरी तरह संसारी बनकर जमकर भोग विलासकर आनंद उठावे। या फिर रूप गुण का विस्तार करे और जगत में अपना नाम–यश कभी भी कलंकित न होने दे। या फिर महादानी बनकर या फिर रण में प्रचण्ड वीरता दिखाकर महापराक्रमी योद्धा के रूप में यश विस्तार करे। एक ऐसा पराक्रमी जिसके यश का गान सर्वत्र होने लगे। अथवा जगत में सर्वत्र बंदित होकर, तेज प्रताप से परिपूर्ण होकर संसार में कीर्ति पताका फहराए। इसतरह का शूरवीर यशस्वी अगर पैदा हो, तभी उसका जन्म लेना सार्थक है। अगर कोई ऐसा पैदा हुआ, जिससे इनमें सो कोई भी एक काम कर पाना संभव नहीं हुआ, तो ऐसे पुत्र की माँ को सपुत्रवती कहलाने का कोई अधिकार नहीं। क्योंकि ऐसे पुत्र की माँ को अगर पुत्रवती कहा जाएगा, तो फिर पुत्र हीना बाँझ स्त्री भला किसे कहा जाएगा ?

(84)

चढ़ी दोऊ अनी भीर परीहै धनी[1] मैं जीव
　　　　जाकौ लौंन[2] जगत मैं खायोतैं[3] अघाइ है।
ताकै हेत दैकै प्रान टूक टूक ह्वै कै
　　　　परलोक[4] मैं बड़ाई और देवलोक पाइहैं।
टालौ दियै आखर[5] निकालौ छोड़ है रे कुल
　　　　कालौंई[6] लगैगो आन पर्‌यौ भलौ दाइ है।
देवीदास भी करि[7] कै भौन जैहै नीकरि[8] कै
　　　　फेर ऐसे जीकरिकै कौन काज आइहै ॥ चौरासी ॥

पाठभेद

उदै–2 लौन 3 षायोतैं 5 आषर
मोड़ी–1 घनी 2 लौ न 6 कालौइ 7 भी करी 8 निकरी जीकरी
हरि–2 लौंन 4 परिलोक 5 आषर

भावार्थ

कवि देवीदास कहते हैं कि जिस व्यक्ति का नमक अघाकार खाया है। जिसके उपकारों से जीवन आराम से गुजारा है, अगर उस पर चारों ओर से शत्रु सेना घिर आई है और उसके प्राण संकट में पड़ गए हैं तो उसकी रक्षा के लिए अपना शरीर टुकड़े-टुकड़े कटवाकर के भी अगर प्राण न्यौछावर कर उसे बचा लें तो परलोक में यश फैलेगा और मरणोपरांत स्वर्गलोक की प्राप्ति होगी। अगर अपना दिया वचन टालना पड़ जाए, कुल खानदान से निकल जाना पड़े। ऐसा दाव आ पड़े कि सब कुछ काल स्वरूप जान पड़ने लगे तो भी अपने वचन से हटना नहीं चाहिए। अपने कर्त्तव्य पथ से विचलित नहीं होना चाहिए। क्योंकि इसतरह जीवन से डरकर जीने से तो कुछ भी नहीं सधेगा। एक दिन यह जगत संसार रूपी घर छूट ही जाएगा। फिर इस तरह भयभीत होकर भागते फिरने, कृतघ्न होकर जीने से भला क्या लाभ ? ऐसा जीवन जो किसी के काम नहीं आ सका, भला किस अर्थ का ?

(85)

साँच[1] कौ, सरम कौ, सरन आयैं[2] पालक कौ
सरधा कौ धरम कौ औरो जस[3] चाल है।
सूरनि कौ सीलन कौ और दान सीलन[4] कौ
जाननि[5] कौ दया कौ संतोष हीन हाल है।
रजकौरु तेज कौ भलाई कौ मिताई कौ
भगत भाव भावना कौ पतलीन छाल[6] है।
देवीदास कहैं देस-देस दीप-दीप देखौ[7]
आज काल्ह काल माँझ इनकौ दुकाल है॥ पिचासी॥

पाठभेद

उदै—3 और जस 4 दानसीलनि 4 जांनन 6 बाल 7 देषौ
मोड़ी—2 आयौ 5 जानन 6 खाल
हरि—1 साच 7 देषौ

भावार्थ

कवि देवीदास कहते हैं कि आजकल के युग में अच्छे गुणशील का उत्यंत अभाव हो गया है। सत्य का, श्रम का, शरण में जाए हुए की रक्षा करनेवाले का, श्रद्धा भाव का, धर्म का रण में पराक्रम दिखाने वाले शूरवीर, चरित्र की दृढ़ता दिखानेवाले शील गुण का, गरीब दुखी को दान देने वाले दान दाताओं का। विभिन्न ज्ञान के क्षेत्रों में ज्ञानी मानी लोगों का, दूसरों के प्रति दया भाव प्रदर्शित करनेवालों का ऐसा भयंकर अभाव है कि संतोष ही नहीं किया जा सकता। शरीर में उच्च कोटि के रक्त का, तेज और कांति का, भलाई करने के भाव का, मित्रता के व्यवहार को बनाए रखनेवाला भक्तिपूर्ण भाव भावना की खाल मोटी हो गई हैं। कवि का कहना है देश-देश, द्वीप-द्वीप जाँच-पूछकर देख लिया है कि आज के युग में सभी प्रकार के सद्‌गुणों का भयंकर अभाव है।

(86)

पंडित गुसाईं साहि साहिब सरमसूर
सिरदारनि[1] की लीक लोक में बढ़ाई है।
राजा राव उमराव राइजादे साहिजादे
देशपति[2] महीपति दौलत[3] चढ़ाई है।
धनवारे पूतवारे सुन्दरी संजूतवारे[4]
जिन जाय सागर लूँ कीरति बढ़ाई है।
देवीदास एतौ सब दुखहि कौं[5] भाजन है
ऊपर से सुख[6] की नैकु[7] कलई चढ़ाई है ॥ छियासी ॥

पाठभेद

उदै–2 देसपति 3 दोलत 4 संजुतवारे 5 दुषही को
मोड़ी–1 सिरदारन 4 सपूतवारे 6 नेकु
हरि–1 सिरदारन 4 सजूतवारे 5 दुषही के 6 सुष

भावार्थ

कवि देवीदास बतलाते हैं कि इस संसार में ज्ञानी-गुणी, महात्मा, राजा-रईस, मालिक, शूरवीर सूरमा और सरदारों की परंपरा इस लोक में अपने-अपने ढंग से बढ़ती रही है। राजाओं महाराजाओं, राजकुमारों, सामंतों साहबजादों, देश-देश के स्वामी नरेशों, भूमंडल के मालिक सम्राटों ने संपत्ति का अपनी-अपनी शक्ति भर विकास किया है। धन धान्य से संपन्न, पुत्र-सुपुत्र से गौरवशाली, सुंदरी स्त्रियों के स्वामी, ऋद्धि-सिद्धि, यश, पुत्र, धन की ईषणाओं से संपन्न मनुष्यों ने अपनी कीर्त्ति सागर तक फैलाई है। इन सबको देख लगता है कि ऐसी समृद्धि मय दुनियाँ में सब कुछ सुख ही सुख है परंतु कवि देवीदास कहते हैं कि इनके भीतर की वास्तविकता यह है कि ये सभी वस्तुतः दुःख से ही परिपूर्ण हैं, दुःख ही देने वाले हैं। वह तो बस बाहर-बाहर से इन पर सुख की ऐसी कलई लगाई गई है कि इनसे आभास होता है कि ये सुख दायक और आनंदपूर्ण हैं।

(87)

पल में पँखेरू ऐंच लियौ है[1] अकास मैं ते
ऊँची जहाँ[2] पहुँची है देखियो[3] सलाकई।
बेन मैं तैं बाधवर व्यौरनि तैं विषधर[4]
छोड़े[5] नहीं क्यौं हूँ देउ[6] कहूँ की नलाकई[7]।
औड़े जल जाल मिसि जलचर ऐंच लीनो[8]
कीने आपु बसि जहाँ उतनी जलाकई।
देवीदास कहै कोऊ कबहूँ बचै न क्यौं हूँ
दीखौ तीन लोक काल कर की चलाकई ॥ सत्तासी ॥

पाठभेद

उदै–2 कहाँ 3 देषियौ 8 लीनै
मोड़ी–5 छोड़ 6 देऊ 7 तलाकई
हरि–1 लीए है 3 देषियो 4 विषधरि

भावार्थ

कवि देवीदास कहते हैं कि अपनी सारी शक्ति से पखेरु पंछी आकाश में चाहे जितना ऊपर उड़ता चला जाता है फिर भी उस अति ऊँची ऊँचाई से भी उसे झपट्टा मारकर दबोच लेती है। चाहे कोई कितना भी क्रूरतम बदमाश हो फिर भी उसे भी छोड़ा नहीं। घनघोर जंगल में निवास कर रहे बनराज़ बाघ हो या महा दुर्गम बिल में जा छिपे विषधर सर्पराज हों, किसी को भी छोड़ा नहीं है। अत्यंत गहरे पानी में छिपी मछलियों एवं अन्याय जलचरों को जाल से खींचकर बाहर निकाल कर अपने वश में कर लिया। इसतरह कवि बतलाता है कि महाबली काल के हाथ इतने बलशाली हैं कि कोई कहीं भी जा छिपे, कितनी भी चालाकी करे, कितनी भी सावधानी क्यों न बरते, काल बलवान उसे अपने चंगुल में लेकर मार ही डालता है। काल से कोई भी बँच नहीं सका।

(88)

लोभ सौ न अवगुन[1] पिसुनता सौ पातक न[2]
साँच सौ न तप[3] नाहिं इरिषा[4] सौ दहनौ।
सुचि[5] सौं न तीरथ सजनता[6] सौ सेवक न
चाह सौ न रोग तीन लोक माझ[7] रहनौ।
धरम सौ न मीत न दुरत[8] जीव घातक सौ
काम सौ प्रबल नाहि दत्तब[9] सौ लहनौ।
चिन्ता सौं न साल देवीदास सब[10] लोक कहै
सन्तोष सौं सुख[11] नाहि कीरति[12] सौं गहनौ ॥ अठासी ॥

पाठभेद

उदै–1 औगुन 2 पातकानि 3 तपु 4 ईरषा 6 सुजनता 7 माहि 11 सुष 12 कीरत
मोड़ी–2 पातकन 4 ईरिषा 5 सुच 9 दानव 12 कीरत
हरि–1 औगुन 2 पातकन 4 ईरषा 6 सजनासौ 8 दुरति 9 दन्तब 10 सबै 11 सुष

भावार्थ

कवि देवीदास जी बतलाते हैं इस जगत में मनुष्य के लिए सर्वश्रेष्ठ पदार्थों की गणना करते हुए और-और पदार्थों की गिनती की जाती है परंतु वास्तविकता में मनुष्यों के लिए श्रेष्ठ पदार्थ कुछ भिन्न-भिन्न प्रकार के ही हैं। कवि के अनुसार मनुष्य जीवन में लोभ-लालच एक ऐसा अवगुण है कि जिससे बड़ा और कोई अवगुण हो ही नहीं सकता। इसीतरह दूसरों की निंदा करने, चुगलीकर लोगों के बीच झगड़ा कराने से बढ़कर कोई पाप नहीं है। सत्य व्यवहार जैसा कोई तप नहीं हैं। ईर्ष्या भाव से अधिक जलाकर राखकर देनेवाली और कोई वस्तु या भाव नहीं है। तन-मन-आचरण करने पवित्रता से बढ़कर कोई तीर्थ लाभ नहीं है। सदाचार करने जैसा अपना सहायक और कोई सेवक नहीं है। मन में क्षण-क्षण पर उठनेवाली इच्छाओं से बढ़कर और कोई रोग नहीं है। इन दुर्गुणों के साथ इस संसार में निवास करना महाकष्टकर होता है। धर्माचरण जैसा सहयोगी कोई मित्र नहीं है और जीव हत्या करने जैसा कोई पाप-दुष्कृत्य नहीं है। काम-वासना से प्रबल कोई शत्रु नहीं। दूसरों को दान देने से अपने को जो सन्तोष मिलता है। उससे बड़ा अपना और कोई लाभ नहीं है। चिंता से बढ़कर शरीर को सालनेवाली कोई वस्तु नहीं। संतोष जैसा सुख नहीं है। तथा सुंदर सुयश से बढ़कर कोई आभूषण नहीं है।

(89)

जौ तूँ याही लोक की फिकर करै[1] तौ तू सुनि
हयाँ की चिन्ता[2] चित्त[3] तोहि[4] तन कूँ[5] ने धरनी।
पिछले करम तेरे तिनही बनाई राखी[6]
सोई तोहि इहाँ अबे भोग बनी भरनी।
पूछ वेद च्यार[7] देख[8] मन में विचार अब
आवै सो कबूल करि नाही क्यौंहू टरनी।
देवीदास कहै[9] जान[10] यहै पुराषारथ है
मान सहि चिन्ता परलोकहि[11] की करनी ॥ नवासी ॥

पाठभेद

उदै—1 करैं 3 चिन्त 5 तनकौं 6 राषी 8 देष 9-10 जान कहै 11 परलोक हो
मोड़ी—6 राखि 7 चार
हरि—2 चिता 4 तौहि 6 राषी 8 देष

भावार्थ

कवि देवीदास कहते हैं अगर तुम अपने इस जीवन में केवल इस लोक की ही चिंता करते हो, तब तो तुम्हें इसकी चिंता करने की कोई आवश्यकता ही नहीं है। क्योंकि इस जीवन में जो कुछ होना है वह तो तुम्हारे पिछले जीवन के कर्त्तव्यों ने पहले से ही निर्धारित करवा दिया है। अब तो पूर्वकृत कर्मों का भोग भर तुम्हें भोगना है। अगर तुम्हें इस बात पर शंका हो तो चारों वेदों में वर्णित तथ्यों से जाँच-पूछ कर देखो। जिससे तुम जान सकोगे कि पिछले जन्मों के कर्मानुसार तुम्हें इस जन्म में जो कुछ भोगना है, वह सुनिश्चित है, किसी भी प्रकार टलनेवाला नहीं है। अतः जो कुछ भी दुःख-सुख तुम्हारे इस जीवन में आ रहा है, उसे निस्संकोच स्वीकार करो। अतएव इस जीवन की चिंता छोड़ो। पुरुषार्थ इसी बात में है कि परलोक की चिंता करो और तन-बचन-कर्म से ऐसा कार्य करो कि परलोक सुधरे।

(90)

देख दूर ही तैं देवीदास कहै पनिघटौ
पथिक पियासे थल जल कौ[1] विचारि[2] कै।
आतर है आय आगे देखे[3] तौ ह्यां[4] अंधकूप
ढूक-ढाक[5] देखै[3] नीर[6] निकुराय[7] नारि कै[8]।
ग्रीषम की प्यास भये तैसेई उदास पंथी
बैठ[9] आस पास चले रोइ दुख[10] वारि कै।
अश्रुपात[11] बीच[12] जात[13] आवत जे देखैं[14] तेते
डहकेन को को[15] यह कूवा[16] मारिवारि कै ॥ नब्बे ॥

पाठभेद

उदै—3 देषै 10 दुष 11-13 असुपात कीच जात 14 देषै 15 कौ 16 कूक
मोड़ी—1 कूँ 4 हा 5 ढाकि 7 निकुरांइ 16 कुवा
हरि—2 बिचार कैं 3 देषै 5 ढाकि 3 देषै 6-8 नीर नारनि दुराइ 9 बैस 10 दुष 12 कीच

भावार्थ

कवि देवीदास बतलाते हैं कि प्यास से आतुर पथिक पानी की चाहत में इधर-उधर व्याकुल चक्कर लगाते समय इस बात की सुध-बुध खो बैठता है कि प्यास मिटाने के लिए सचमुच ही कहाँ दौड़ लगानी चाहिए, कहाँ नहीं। इसी से कुआँ स्वयं पथिक से कहता है कि हे प्यासे पथिक ! पानी की खोज में आतुर हो दौड़ लगाने से पहले तुम उस स्थान के विषय में अच्छी तरह सोच-विचार लो, जहाँ पानी की आशा में भटक रहे हो। क्योंकि संभव है वह स्थान पानी मिलने योग्य हो ही नहीं। अन्यथा आतुर हो दौड़े आकर, पाओगे कि वह तो बस अंधा कुआँ है, कितना भी झुककर, ढूँढ-ढूँढ़कर खोजोगे थोड़ा सा भी पानी नहीं निकल सकेगा। इस प्रचण्ड गर्मी में इसी कारण न जाने कितने पथिक पानी की आस लगाए आए और पानी न मिलने से रोते-तड़पते निरास-उदास हो चले गए। अरे यह तो मारवाड़ के मरुस्थल प्रदेश का कुँआ है जो इसतरह से प्यासे पथिकों को रोते-कलपते आँसू बहते हुए आते-जाते देखता भर रह जाता है। उनकी प्यास न ही मिटा पाता। इसीतरह जहाँ से दुख दूर होने की संभावना ही न हो, वहाँ अपना रोना, मत रो।

(91)

तापै कहा मागियै जु माँगने कुँ[1] देख[2] काहू
काम लागै कहै हाथ कह्यौ न करतु है।
जाकी है सुजस रूपी चांदनी चहूँ दिशानि[3]
लेत[4] उसरत नाहि[5] देत[6] उसरत है।
ताकौ द्वार[7] ताकौ देवीदास जो[8] रमा को[9] पति
तीन्यौ[10] लोक माहिं जाकौ हाथ पसरतु[11] है।
माँग[12] परमेसर पै पल मैं[13] पसीजै वह
घनो दान[14] दैहै क्यौं जु दान रसरतु है ॥ इकानबै ॥

पाठभेद

उदै–1 मागन कूँ 2 देष 4 लेले 6 देतु 10 तीनू 11 परसतु 13 पलकै
मोड़ी–5 नहि 7 धार 8-9 जोर याको 90 तीनो 12 माँगु 14 दानु
हरि–1-2 कुं देष 3 दिसानि 4 लेले 5 नहीं 13 पलकै

भावार्थ

कवि देवीदास समझाते हैं कि ऐसे व्यक्ति से क्या माँगना जो किसी काम से कुछ माँगने जाने पर अपनी ही मज़बूरी का रोना रोता है कि उसका हाथ उसी की बात नहीं मानता। अर्थात् वह देना तो चाहता है पर उसके सहयोगी उसकी बात मान सहायता नहीं करने देते। चारों दिशाओं में जिनकी कीर्ति-कौमदी इसी बात के लिए फैली हुई है कि वे लेते समय तो तनिक भी नहीं डिगते, पर जैसे ही देने की बात आती है दूर हट जाते हैं। अतः देवीदास कवि समझाते हैं कि ऐसे कपटी दानियों से क्या माँगना ? अगर किसी दाता के द्वार याचक हो निहारना ही है, तो उस महादाता के द्वार पर विनती करो जो स्वयं लक्ष्मी के स्वामी हैं। जिनके हाथ तीनों लोकों में सर्वत्र फैले हुए हैं। अतः हे जीव ! उसी परमपिता परमेश्वर से माँगो। वह तो क्षण भर में ही दयालु हो जाते हैं। वे तुम्हें तुम्हारी चाहत से भी अधिक दान देंगे, क्योंकि वे तो स्वभावतः महादानी हैं।

(92)

भाग याकौ बाप करतूति[1] महितारी[2] मिलि
बेटी भई ताकौ नाम जग में बड़ाई है।
पारी गुनी धावर[3] निबुद्धि[4] दूध पोष दै कै
दिन-दिन बढ़ी देवीदास सुखदाई है।
ब्याह कौ[5] विचार करि बड़ेन[6] कौं[7] दैन गए
बड़ेन के मन वह[8] नैकुहू न भाई[9] है।
छोटो[10] वाहि[11] चाहैं तिन्हैं वह न कबूल करै
यातैं जग माहि क्वारी[12] एक यहै[13] बाई है ॥ बानबे ॥

पाठभेद

उदै—1 करितूत 4 बुध 8 वहै 9 आई
मोड़ी—1 करतुत 2 महतारी 3-4 धावर निंबुधि 5 ब्याहु को 6 बड़ेनि 7 कूँ 9 आई 11 वाही 12 धुरी 13 यह
हरि—3-4 धावरनि बुधि 5 व्याहु 6 बड़ेनि 10 छोटे

भावार्थ

कवि देवीदास कहते हैं कि इस संसार में आकर प्रत्येक मनुष्य अधिकाधिक ख्याति और यश चाहता है। परंतु यश की स्थिति यह है कि वह कभी भी सुलभ और सार्थक नहीं हो पाता। कवि कहते हैं कि यश लिप्सा जिसकी जगत में बड़ाई नाम से बड़ी ख्याति है, वस्तुतः भाग्य नामक पिता और करतूति-क्रिया-कलाप आचार-आचरण रूपी माँ से उत्पन्न बेटी है। इस बड़ाई नामक बेटी को पाल पोसकर बुद्धि हीनता का दूध पिलाकर जो बढ़ाया तो रातो दिन बढ़ती ही गई। जब इतनी बड़ी हो गई कि क्वारीं कन्या को विवाह के योग्य समझा जाता है, तो इसे भी किसी को ब्याहने की सूझी। सो जगत में चारों ओर चक्कर लगाया। कोशिश बराबर यही कि किसी बड़े-कुल-वंश में इसे ब्याह दें। परंतु जो सचमुच के बड़े थे, उन्होंने तो इसे पसंद ही नहीं किया। जो कुछ छोटे थे, वे इससे ब्याह करने को, इस बड़ाई की महिमा को स्वयं अपनाने को तैयार थे, परंतु छोटों को बड़ाई ने स्वयं ही पसंद नहीं किया। परिणाम यह कि संसार में यह बड़ाई, प्रतिष्ठा नाम की कन्या क्वांरी ही रह गई। इसका स्वामी कोई नहीं बन पाया। कोई भी ऐसा नहीं हुआ जो इस बड़ाई, इस सुयश का स्वामी कहला सके।

(93)

भूखेन कौं[1] भोजन थकेन कौं[2] सुथान रूप
आसरौ निरासरे कौं[2] निघरे[3] कौं[2] घरु है।
ठौर है निठौहरे[4] कौं[2] आदर निरादरे कौं[2]
देवीदास ऐसेनि की कीरति[5] अमरु है।
मूल दल फूल-फल बलकल पल्लवनि
देह देत कसकै न[6] मानहु अजरु है।
तातौ-सीरौ सम कीयौ[7], सबही कौं[2] सुख[8] दीयौ[9]
तरु की तरुज लीयै[10] ते कलपतरु है ॥ तिरानबे ॥

पाठभेद

उदै–भूषन 2 कूँ 4 निठोहर 2 कूँ 7 कियैं 2 कूँ 9 दियैं 10 लियै
मोड़ी–2 कूँ घरेन 2 कूँ 6 कस केन
हरि–भूषेन 2 कूँ 2 कूँ 3 न घरै 5 कीरत 8-9 सुष दीयै

भावार्थ

कवि देवीदास बतलाते हैं कि इस माया-मोहमय स्वार्थी संसार में ही कुछ ऐसे श्रेष्ठ कोटि के सज्जन निवास करते हैं जो अपनी उदारता-वदान्यता से इंद्र के स्वर्गलोक के नंदन कानन के कल्पवृक्ष के समान औढर दानी है। जो भूखे के लिए भोजन का प्रबंध कर देते हैं, थके हारे को सुंदर सुगम विश्राम स्थान सुलभ करवा देते हैं। चारों ओर से निराश हो चुके व्यक्ति के लिए सहारा बनते हैं। जिन्हें रहने का कहीं ठोर-ठिकाना नहीं, उनके लिए घर जैसा आसरा सुलभ करवा देते हैं। जिन्हें कहीं ठौर नहीं, उनके लिए मजबूत ठौर बन जाते हैं। जिन्हें कोई आदर नहीं देता। जिनका सभी अपमान कर चुके होते हैं उन्हें भी जो सम्मान देते हैं। ऐसे श्रेष्ठ जनों की कीर्ति इस विश्व-ब्रह्मांड में अमर हो रहती है। जैसे वृक्ष आवश्यकता वाले व्यक्ति के लिए अपनी जड़ें, पत्ते, फूल-फल, छाल, पल्लव यहाँ तक कि पूरा शरीर तक बिना किसी क्षोभ के समर्पित कर देते हैं। स्वयं को ऐसे मिटा देते हैं जैसे कि उन्हें कभी मिटना ही नहीं है। गर्म-ठंडा, अच्छे-बुरे सभी के साथ समान व्यवहार करते हैं, प्रत्येक व्यक्ति को, हर एक प्राणी को सुख देते हैं। इसतरह के वृक्ष के स्वभाव को धारण करनेवाले सज्जन इस संसार में कल्पतरु सदृश हैं।

(94)

दाब लै बकार पाँच पाँच पुनि चूकै मत[1]
छाड़ि दै चकार च्यार[2] चारनि[3] मैं बसियै।
छोड़े मत द्वै दकार छाँड़ दै दकार सात
तीननि में हिलि-मिलि अतिही न गसियै।
हहाकार[4] परिहरि तीनि हहा मान लेत
भूल छ य कार[5] माँझ कबहू[6] न रसियै।
देवीदास कीजै दो उकार[7] लै मकार[8] तीन
एक ही नकार माँझ सारो गुन नसियै ॥ चौरानबे ॥

पाठभेद

उदै–(में यह पर क्रमसंख्या 100 पर है।) 1 मति 3 च्यारनि 4 हहाच्यार 5 छकार 8 भकार
मोड़ी–2 चार 3 चारन 6 कबहुँ 7 ऊकार
हरि–3 च्यारनि 4 हहाच्यार 5 मकार 8 भकार

भावार्थ

प्रस्तुत पद शब्दक्रीड़ा का है। विभिन्न वर्णों से आरंभ होने वाले गुण-दोष वाची शब्दों की ओर संकेत करते हुए गुणों के ग्रहण, दोषों के त्याग का उपदेश देते हुए समाज में हिल मिलकर रहने की शिक्षा कवि ने दी है। कवि देवीदास कहते हैं कि 'ब' अक्षर से आरंभ होने वाले पाँच तरह के विकारों को दबा कर रखो। तथा जो पाँच गुण वाले शब्द उनसे बनते हैं उनसे कभी चूको नहीं। 'च' से आरंभ होने वाले चार तरह के दुर्गुणों को छोड़कर समाज में सबसे हिलमिल कर रहो। 'द' से आरंभ वाले दो गुणों को पकड़े रहो और सात जो दुर्गुण हैं उन्हें छोड़ दो। तीन तरह के जो त्रिदोष हैं उनके झंझट में कभी मत फँसो। हाहाकार करना छोड़कर तीन तरह के हास-विलास मान लो। जो 'य' से आरंभ होने वाले छह दुर्गुण हैं उनमें कभी लिप्त मत होओ। अपना कार्य दो 'ॐ' कारों और तीन मकारों से आरंभ करो। कभी भी न कार के फंदे में मत पड़ो अन्यथा सभी गुणों का नाश हो जाएगा।
नोट–पाठ स्पष्ट नहीं है इसी से अर्थ में भी स्पष्टता नहीं आ पाई है।

(95)

भारती के पूरे रुरे ऊजरे अनेक गुनी[1]
जिन्हैं देखि[2] राजनि की दीठ न टरि सकैं।
अरथ के समुदाय[3] कविराय रसना की
सीपी तैं उपजैं[4] बड़ भागी पै धरि सकै।
देवीदास जैसी ठौर जैसे बड़े मानस पै
लियै[5] जाहि[6] इन्हैं[7] धनु तैसेई[8] हरि सकै।
काननि प्रकाश खरै खासे[9] मुकता से इन
कबिन के बोलन[10] कौ मोल को करि सकै ॥ पंचानबे ॥

पाठभेद

ऊदै–(क्रम संख्या 97 पर है) 1 गुंन 2 देषै 6 जहि 7 इन्द्रै धनु 8 तैसोई 8 षरे षासे 10 बोलनि
मोड़ी–3 समुदाइ 7 इन्द्रधनु
हरि–1 गुनि 2 देषै 4 उपजे 5 लीयै 9 षरे षासे

भावार्थ

कवि देवीदास बतलाते हैं कि जगत में सच्चे कवियों की वाणी का मोल कोई नहीं कर सकता। सरस्वती के भंडार से भरपूर, सात्त्विक गुणों से संपन्न ये कविगण ऐसे प्रभावशाली होते हैं कि उन्हें देखकर राजाओं की दृष्टि उनके चेहरे से अलग हो ही नहीं पाती। उनकी वाणी रूपी सीपी से अर्थ रूपी मोतियों की जो महा बहुमूल्य राशि उत्पन्न होती है, उसे कोई बड़भागी ही पकड़ पाता है। वे जिसप्रकार की जगह पर जैसे श्रेष्ठ मन के मानस रूपी सरोवर पर ले जाते हैं उसे उसी स्तर का कोई श्रेष्ठ व्यक्ति ही अपना ले सकता है। कानों में उनकी सुर लहरी प्रवेश कर मधुरता से जो गंभीर अर्थ के सच्चे मोतियों का खजाना घोलती है, उसका सही-सही मूल्यांकन भला कौन कर सकता है ?

(96)

डोले नही[1] घनें[2] घरु बरने सारदा के बरु[3]
बातनि सुघर[4] स्वाल[5] डारत उदार मैं।
पहिलै बड़ाई देहिं[6] पाछे कछू लेइं[7] फिरि
जस कौं प्रकासैं तिनै राखौ[8] करि हार मैं।
पुराचीन पापनि तै सूम[9] से लबारनि[10] मैं
जाय परै कहा[11] करै[12] भूँजे[13] मनु भार मैं।
देवीदास ऐई[14] धौं[15] ठिकानो[16] कविराजन के
आये[17] घरबार मैं कै राज दरबार मैं ॥ छयानबे ॥

पाठभेद

उदै–1 डोलैन्ही 6 देय 7 लेय 8 राषै 8-10 सूंब सेल बारनि 11-12 करै कहा
मोड़ी–2 पाठाभाव 3 बर 4 सु घर 5 साल भुजे
हरि–3 कैवर 6 देह 13 भुंजै 14 येई 15 है 16 बिकाने 17 आप

भावार्थ

देवीदास श्रेष्ठ कवियों के निवास स्थान के संबंध में सूचना देते हैं कि वे यहाँ-वहाँ अनेकानेक घरों में दौड़ते-भागते नहीं फिरते। वे तो बस माँ शारदा के वरदान का ही यश गाते रहते हैं। अपनी बातों की सुघराई से बड़े-बड़ों को प्रश्नों में सुलझा देते हैं। पहले तो वे अपनी ओजस्विनी वाणी से कीर्त्ति और यश बढ़ाते है, फिर बाद में ही स्वयं कुछ लेते हैं। यश को प्रकाशित करनेवाले ऐसे श्रेष्ठ कवियों को तो गले के हार में जड़े नगीने की तरह अपने हृदय स्थल के समीप रखना चाहिए। वे पुराने पापियों, महाकंजूस लबारियों के चक्कर में कभी नहीं पड़ते। वे या तो अपनी घर गृहस्थी में मग्न रहते हैं या फिर राजदरबारों की शोभा बढ़ाते हैं।

(97)

पेट कौ निपट सुद्ध आँखनि[1] लजीलो और
उर कौ गंभीर होय महामीठो मुख[2] कौ।
बाँह कौ पगार पुनि पाइ[3] कौ अडिग होय
बोलने[4] को साँचों देवीदास सूधे रुष[5] कौ।
मन कौ उदार ढीलौ हाथ को अकेलो[6] एक
काछ ही कौ काठौ[7] सहैया[8] दुःख-सुख[9] कौ।
पचि कै पितामह नै ऐसो कै सिंगारयौ[10] तन
यातैं कछु औरहु[11] सिंगार है पुरुष कौ ॥ सत्तानबे ॥

पाठभेद

उदै–(क्रम संख्या 98 पर है।) 1 आँषनि 2 मुष 3 पाय 4 बोलनि 9 दुष-सुष 10 सिंगारौ 11 औरहूँ
मोड़ी–5 रुख 7-8 काठो है सही या
हरि–1 आँषनि 5 रुष 6 अकेली 8 सहीया

भावार्थ

कवि देवीदास बतलाते हैं कि मनुष्य को अपने पेट से परमशुद्ध होना चाहिए। खाने-पीने में हर तरह से सात्विकता बरतनी चाहिए। आँखों में लाज-हया होनी चाहिए। उचित-अनुचित का ख्याल करके ही कुछ करना चाहिए। हृदय का गंभीर हो। सब कुछ सहने और उफ न करने की क्षमता हो। वाणी से अत्यंत मीठा हो। परुष वचन न बोले। उसकी सशक्त भुजाएँ शस्त हों। सभी को शरण और सुरक्षा देने में सदा तत्पर हो। उसके कदम अडिग हों। जिस बात का ब्रत ठान ले फिर उससे कदम कभी पीछे न हटाए। सदा सत्य वचन बोले। सबके साथ सीधा-साधा व्यवहार करें। मन का उदार हो। लोगों पर दया-मया करें। अपराधों को भी क्षमा करने का भाव रखे। लंगोट का दृढ़ हो। सच्चरित्र हो। दुःख-सुख जो भी जब आए हृदय से अपराजित भाव से निश्चिंत हो उनका उपभोग करें। परमपिता ब्रह्म ने मनुष्य के शरीर को बार-बार प्रयास करके सुंदर से सुंदर बनाने का प्रयास किया है फिर भी सामान्य शारीरिक सौंदर्य की अपेक्षा मनुष्य शरीर को और अधिक सुंदर, बनाने के कुछ और ही प्रकार के चारित्रिक गुण विकसित होने चाहिए। केवल शरीर की सुन्दरता ही उसका श्रृंगार नहीं है।

(98)

राजा हरिचन्द हर[1] भाँति कर राख्यौ[2]
देवीदास याके बदले बिपति मूँड़[3] ओड़ियो।
चेरी[4] याकी लछमी[5] सुजस याको पूत
दया-दानमय देहु कछू चूक न[6] निगोड़ियो।
बिगारो न आँग कछू पातक कियो[7] न जात[8]
पांत[9] ते उतर्‌यौ कछू चाहत न कोड़ियो।
एरे या सपूत सहसा ही काहे छाड़त हौ
सत कह दूषन[10] लगावै तब छोड़ियौ ॥ अठानबे ॥

पाठभेद

उदै–(99 संख्यक पद हैं।) 1 हरि 2 राष्यौ 4 चोरी 5 लिछमी 6 चूकनि
मोड़ी–3 मूढ़ 5 लछिमी 6 चूकन 8 जाँत 9 पात 10 दुख न
हरि–1 हरि 2 राष्यौ 6 चूकन 7 कीयौ

भावार्थ

देवीदास कहते हैं कि मनुष्य को सत्य का आधार छोड़ना नहीं चाहिए। वे बतलाते हैं कि सत्य की रक्षा के लिए राजा हरिश्चन्द्र ने हर संभव प्रयास किया। उन्होंने जाने कैसी-कैसी भयानक विपत्तियाँ सिर माथे ओढ़ीं परंतु सत्य पर अटल रहे। सत्य एक ऐसा महासद्‌गुण है, जिसके पीछे-पीछे लक्ष्मी नौकरानी सी लगी डोलती है। जो व्यक्ति सत्य के आचरण पर दृढ़ ब्रती होता है उसे जगत में सुंदर यश मिलता ही है। जैसे जीव की अपनी परंपरा में पुत्र विकसित होता है, ठीक उसीतरह सत्य की परंपरा में सुयश पुत्र की भाँति ही प्राप्त होता है। इसकी देह दया-दानमय होती है। सत्यव्रती दान-दयाशील होता ही है। इससे किसी भी प्रकार की कोई चारित्रिक चूक नहीं होती। इसका सुंदर अंग-प्रत्यंग कहीं से भी विकृत नहीं होता। सत्यव्रती कभी कोई पाप कर्म नहीं कर सकता। अगर उसे उच्च श्रेणी से उतार कर अधम श्रेणी में भी रख दिया जाए तो भी वह सभी कुछ सहन कर लेता है। बदले में किसी से कुछ भी नहीं चाहता। अतः कवि कहता है कि ऐसे सपूत को फिर क्यों छोड़ते हो ? अरे जब सत्य को सचमुच ही दूषण लगने लगे, तब छोड़ने का विचार करना अन्यथा कभी नहीं। परन्तु सत्य को दूषण लगेगा ही क्यों ?

(99)

कृत्तम[1] कुरूप करतार मारै कदरज
औ जस के भाजन[2] रु नाल नीत[3] हालो है।
आवत गुनीहि देख[4] कारे पर जाहि तारे
जोरे नहि दीठि तिन कौ[5] तौ कवि कालो है।
ऊजरे उदार जिन्हें[6] पंचनि[7] मैं बैठनो है
जस के[8] निकेत और रस कौ रसालो है।
रीझे बार-बार मनै मेरु[9] कौ तिनूका[10] गनै[11]
देवीदास एतौ कवितन कौ[12] मसालो है ॥ निन्यानबे ॥

पाठभेद

उदै–(क्रम संख्या 100 है) 3 रुनालतीत 4 देष 5 तिनकुँ 6 जिनै 9 मेर
मोड़ी–1 उत्तम 2-3 भजनहु नाल तीत 5 तीन कौ 7 पाँचनि 8 को 10 तिनुका 11 गिनौ 12 कवि तिनको
हरि–4 देष 6 जिनै 7 पंचन 10 तेनुका 12 कवि तिनकौ

भावार्थ

देवीदास कवि कहते हैं कि जो बनावटी किस्म के, कुरूप, भाग्य के मारे और ओछी प्रवृत्ति के होते है। अपयशी तथा दूसरों का अनभल ताकने वाले होते हैं। वे किसी दरबार या सभा समाज में किसी ज्ञानी गुणी व्यक्ति का आना बर्दाश्त नहीं कर पाते। अगर कोई गुणी ज्ञानी व्यक्ति आता है तो उनकी आँखों के तारे काले पड़ जाते हैं। वे आँखों से आँखें नहीं मिला पाते। उनकी दृष्टि में तो कवि बुरे ही लगते हैं। जब कि जो शुद्ध सात्त्विक वृत्ति के उदार हृदय के श्रेष्ठ जन हैं, जिन्हें श्रेष्ठ लोगों के समाज में उठना-बैठना होता है वे यशस्वी लोग सदा रस से भरे रहते हैं। वे तो सभी पर प्रसन्न होते हैं। जो अपने घमंड में चूर अपने को बहुत महान मेरू पर्वत समझते हैं, उन्हें भी वे तिनका सदृश ही समझते हैं। बनावटी किस्म के अगुणज्ञ लोग तो उनकी कविताओं के लिए मसाला ही बनते हैं।

नोट–पाठ स्पष्ट न होने से अर्थ भी स्पष्ट नहीं हो सका है।

पहिलै[1] तौ बांदर[2] है बाय भर्‌यौ बावरो[3] है
बीछा[4] खायौ[5] बूढ़ी बैस बुरौ बिकरार है।
मदिरा कछूक पायै[6] बिजया चढ़ाए[8] बीज
बीसक धतूरेहू के खाए बेसमार[9] है।
ताहू मैं कए छपाग्यौ[10] तातै डोलै भाग्यौ-भाग्यौ
एते पर भूत लागौं ऐसो कु प्रकार[11] है।
देवीदास कहै ताकौं बैदनि बुलावौ कोऊ
करौंधों[12] बिचार वाकौ कौन उपचार है ॥ सौ ॥

पाठभेद

उदै–(क्रम संख्या 94 पद है।) 3 बावरौ 7 पायैं 8 चढ़ावै 9 बेसमारु
मोड़ी–1-2 पहिले तो बादर 6 बोछ बिसके 9 बेसुमाह 10 छपायौ 11 कुप्रकास बेदनि बिचारु
हरि–5 षायौ 9 बेसमारु 11 कुप्रकारु 12 धुँ

भावार्थ

देवीदास जी कहते हैं मनुष्य स्वयं ही अपने लिए ऐसी अहितकर परिस्थितियाँ पैदा कर लेता है कि फिर उसका हित चाहनेवाले लोग नाना प्रयत्न करके भी उसकी रक्षा नहीं कर सकते। शारीरिक स्वास्थ्य को नष्ट करने के लिए पहले तो बंदरों जैसा आचरण कर वायुविकार पैदा करनेवाले पदार्थों का असीमित सेवन कर लेता है। फिर वृद्धावस्था आने पर बिच्छू के डंक मारने से तड़फड़ाने लगता है। कष्ट मिटाने के लिए मदिरापान कर लेता है। फिर भांग चढ़ा लेते हैं। ऊपर से काफी मात्रा में धतूरे का बीज खा लेते हैं। इसके ऊपर से भी तरह-तरह की झंझटें बढ़ा लेते हैं फिर विकल बिललाते फिरते हैं जैसे कि भूत चढ़ आया हो। ऐसे भ्रमित मतिवाले की रक्षा के लिए चाहे कितने ही अच्छे-अच्छे ओझा-वैद्य क्यों न बुलाओ, भला उनकी रक्षा का क्या उपाय हो सकता है ?

(101)

सूर वीर राखै[1] सो तौ भोगवैं वसुंधरा कौं[2]
कविन कूँ आदरैगो सोई जस पावैगो।
भीर परै तब[3] कौन लरै[4] रजपूत बिना
कविन के दीए[5] बिना[6] कौन जस पावैगो।
देवीदास कहै जाके द्वै[7] ईए बाज ह्वै है[8]
जग मांहि नीकी भाँति सोई सरसावैगो।
ठाकुर को जायौ बड़ौ ठाकुर कहायौ चाहै
सौ तौ इन[9] द्वैन ही कौ[10] अंगहि[11] लगावैगो ॥ एक सौ एक ॥

पाठभेद

उदै–(सौ के बाद फिर एक-दो क्रम से संख्या दी गई है, परंतु इस पद की संख्या 10 है।) 3 तबै 4 लटौ 5 दियैं 7-8 है ई एल बाज मे है 8 ईन

मोड़ी–2 कूँ 4 लेरे 5-6 दीयै बिनु 6-7 देई सदा जमे है के 9-10 द्वै नही कुँ 11 आग ही

हरि–1 राषै 3 तबै 7-8 दै ईलबाज मै है है 8-10 है नहीं कुँ 11 आगहि

भावार्थ

कवि देवीदास कहते हैं जो शूरों-वीरों को अपने साथ रखता है वह इस पृथ्वी के सुखों का उपभोग करता है। इसीतरह जो कवियों को आदर प्रदान करता है उसी का जगत में आदर-सम्मान बढ़ता है। क्योंकि जब जब संकट की घड़ी आती है तब तब रणबाँकुरे क्षत्रियों के बिना और भला कौन लड़ता है ? इसीप्रकार कवियों का मान सम्मान किए बिना भला किसे यश प्राप्त होता है ? ये दोनो जिसके पक्ष में सदा होते हैं, संसार में वही मर्यादा पूर्वक जीवन जी पाता है। अगर कोई अपनी गौरवशाली परंपरा को और भी गौरवमय बनाना चाहता है तो उसे तो इन दोनों को ही सदा अपने पक्ष में किए रखना चाहिए।

(102)

तजे राजनीतै[1] करै गाजत अनीतै और
भागत अनीतै घरनीतै जे सवाये हैं।
माँगने[2] बुलावै नाहि भागतै बुलावै और
भागने खुलावै[3] खाई[4] तेई मन भाए हैं।
रीझै न रिझावै मुरझायै मन[5] खीज[6] उठै
जांनत न[7] दाएँ देवी जान त ए बाएं है।
राजा राय राने गुन गाने तौ न माने माँग[8]
सब जे[9] जमानै[10] अब तेज माने आए हैं ॥ एक सौ दो ॥

पाठभेद

उदै–(क्रमांक-2) 2 माँगने 3-4 षुलावै षाइ 5 मुँह 6 षिज
मोड़ी–1 राजनीत 2 भाग ते 3-4 भागे खुलवाये 9 तेज 8 माख
हरि–2 माग ते 3-4 षुलावै षाइ 5 मुँह 6 षीज 7 जान तए 9-10 तेज मानै

भावार्थ

(पाठ स्पष्ट न होने से अर्थ भी स्पष्ट नहीं हो सका है)

कवि देवीदास कहते हैं कि आजकल के राजे-महाराजे अपने कर्त्तव्य पथ से हट गए हैं। उन्हें राजनीतिकी कोई जानकारी ही नहीं है। वे बराबर अनीति पर ही चलते हैं। जहाँ कहीं सेना से मुठभेड़ होती है तो भाग खड़े होते हैं जबकि अपने घर में अपनी गृहिणी के सामने बड़े भारी योद्धा के रूप में अपनी शेखी बघारते हैं। उनके यहाँ कभी कोई कुछ माँगने आता है तो उसे फटकार कर भगा देते हैं। जब अपनी गरज पड़ती है तो लोगों को बुलवा पठाते हैं। दूसरे के हिस्से का धन हड़प कर जो उन्हें खिलाते हैं उन्हें ही पसंद करते हैं। ऐसे लोगों को लाख कोशिश करके भी प्रसन्न नहीं किया जा सकता। न तो वे अपने पक्ष के लोगों को समझते हैं। न अपना उत्तरदायित्व ही समझ पाते हैं। राजाओं-महाराजाओं को अब गुण-गान कर्त्ताओं की कोई कद्र नहीं रही। जो साधारण यजमानी वृत्ति से पलते रहे, अब वे ही तेजस्वी बनकर प्रसिद्ध होना चाहते हैं।

(103)

संपत्ति गड़ीयै[1] छोड़ि[2], रसोई चढ़ीयै छोड़ि[2]
सुन्दरी मढ़ीयै छोड़ि सपनौ सौ कै गयो।
बूढ़े पितु-मातु छोड़े, भाई फिललात छोड़े
बेटा बिललात छोड़े आपनउ[3] पै[4] गयो।
ठाढ़े दासी-दास छोड़े, घोरा खात[5] घास छोड़े
यार[6] आस पास छोड़े सबै दुख दै गयो।
देवीदास आपनै लगै न एक साथ (लिए)
देखौ[7] वह आपनै कियै[8] ही साथ लै गयो ॥ एक सौ तीन ॥

पाठभेद

उदै–(क्रम सं. 3) 1 गड़ीएँ 2 छोड़ी 3-4 आपन उपै 5 षात 8 कीए
मोड़ी–3-4 आपनै उपै 6 प्यार
हरि–1 गड़ीए 2 छोड़ी 3-4 आपन उषै 7 देषौ 8 कीयैं

भावार्थ

कवि देवीदास कहते हैं कि जीव जब तक संसार में रहता है, नाना मोहमाया में फँसा रहता है। भाँति-भाँति से आनंद के संसाधन जुटाता है। सोचता है उनसे अटल आनंद लूटेगा। परंतु एक दिन स्थिति ऐसी आती है कि सारा-का-सारा यहीं पड़ा रह जाता है। जो कुछ संपत्ति जोड़कर स्थायी बने रखने के लिए धरती के नीचे गाड़ रखी थी, वह वहीं-की-वहीं गड़ी रह गई। उसे भोजन कराने के लिए चूल्हे पर जो रसोई चढ़ी पक रही थी, वह चढ़ी की चढ़ी ही रह गई। सुंदरी पत्नी और अतिसुंदर अट्टालिका जहाँ की तहाँ छोड़ सभी कुछ सपने सा सारहीन छोड़ कर चला गया जीव। बूढ़े माता-पिता, भाई बंधु को बिलखता छोड़, यार दोस्तों को तड़पता कलपता छोड़, अपनी सवारी के साधन घोड़ों को घास चरता छोड़, सभी को बिछोह की वेदना से व्यथित करता हुआ मानव अकेले-अकेले मृत्यु को प्रयाण कर गया। बस उसने जो कुछ अच्छा-बुरा कर्म किया था, वह कर्म ही उसके साथ गया और कोई भी कुछ भी साथ नहीं जा सका।

(104)

उरग-मुरग ह्वै कै, लगर-मगर ह्वै कै
दुरद-तुरंग ह्वै कै घिर[1] जग खाई[2] मैं।
नाहर-लंगुर ह्वै कै, न्यौर ह्वै कै कीर[3] ह्वै कै
नीरचर ह्वै कै, नीठ नर जोन[4] पाई मैं।
ताहू माँझ सुध ह्वै, सुबुध सभासद ह्वै कै
समझि[5] की हद ह्वै कै सबै सरसाई मैं।
एक चिन्तामन[6] के चरन चित्त लाग्यौ नाहि[7]
देवीदास बड़ी[8] यहै चूक चतुराई मैं ॥ एक सौ चार ॥

पाठभेद

उदै—1-2 थिर जग माई 3 नीर 4 जो न 7 नाहीं 8 पाठाभाव
मोड़ी—3 नीर 4 जो न 5 समझ 6 चिन्ता मन
हरि—1-2 घिर जंग माई

भावार्थ

कवि देवीदास कहते हैं कि जीव इस संसार में नाना योनियों में भ्रमण करते-करते मानव की उत्कृष्टता योनि में जन्म लेकर सुंदर सुबुद्धि का अधिकारी हो बड़े-बड़े सम्मान तो प्राप्त कर लेता है परंतु जिस एक तत्त्व के प्रति समर्पित होने से उसका जीवन धन्य हो सकता था, उसी के प्रति वह समर्पित नहीं हो सका। कभी पेट के बल चलने वाले सर्प आदि जीवों के रूप में तो कभी कलंगी उठाए बिचरनेवाले मुर्ग-मयूर आदि जीवों के रूप में, कभी विशाल दंती हाथी के रूप में, तो कभी छटपट शक्तिशाली घोड़े के रूप में जन्म लेकर इस संसारचक्र की खाई में जीव आ पड़ता है। कभी बनराज सिंह या शेर की योनि में तो कभी वृक्षाधिपति लंगूर-बंदरों के रूप में, ऊपर-ऊपर विचरता है तो कभी नेवला बन धरती के अंदर घुसता रहता है। कभी मधुर कण्ठी सुग्गा बन मन को लुभाता है तो कभी जलचरों के नाना रूपों से विकसित होते-होते मनुष्य की श्रेष्ठ योनि में जन्म लेने का सुअवसर पा सका है। मनुष्यों में भी श्रेष्ठ सुबुद्धि का अधिकारी हो राजाओं-महाराजाओं के जाने-माने दरबारों में प्रतिष्ठापूर्ण मंत्री का दर्जा पाता है तथा अपनी सुंदर सुबुद्धि से सभी को आनंदित करता है। परंतु मनुष्य की इस सारी बौद्धिक चतुरता की असफलता यही है कि जो एक मात्र चिन्तामणि है, प्रभु के चरणों की शरण, उसी में वह अपनी प्रीति नहीं लगा सका।

(105)

जंगनि सिंगारे भारे डील के डरारे[1] भारे
रूप के उजारे पारे बहु भोग दै धरै[2]।
ऊँघ से गरारे[3] डारे गलीनि[4] के गारे भारे[5]
इतने उफारे सारे काम न कछू सरै।
घनभार भर्‍यौ जब गिरयौ रथ रेत माँझ
देवीदास टूटै पूँछ पै नाहीं भलै परै।
धीर धरि[6] धूँसर धरुक कै धरा कौ रूप
तिहि[7] ठौर कंध दै धुरंधरै धरा धरै[8] ॥ एक सौ पाँच ॥

पाठभेद

उदै—(क्रमांक 5 है) 2 धरैं 3 से गरारे 6 धीर धूर
मोड़ी—1 हुरारे 4 गलिन 5 बारे 7 विहि
हरि—1 उरारे 3 उधारे 8 धुराधरै

भावार्थ

कवि देवीदास कहते हैं कि युद्ध क्षेत्र में अपने पराक्रम से चकाचौंध पैदाकर देने वाले, शारीरिक गठन में डील-डौल के भारी भरकम आकार-प्रकार वाले, परम रूपवान व्यक्ति इस पृथ्वी पर नाना प्रकार का भोग-उपभोग करते हैं। अपने प्रबल-प्रताप से उन्होंने तरह-तरह के कौशल दिखाए किंतु अंततः कोई भी काम नहीं बन सका। जब युद्ध स्थल पर उनका भारी रथ बालू की रेत में गिरकर जा फँसा तो घोड़ों की पूँछ टूट गई पर उसमें से निकल नहीं सका। ऐसी आपत्ति विपत्ति की स्थिति में परम धीर गंभीर भाव के शेष नाग ही ऐसे हुए जिन्होंने डगमगाती पृथ्वी को अपने कंधे का सहारा देकर सुस्थिर रखा।

नोट—पाठ स्पष्ट न होने से अर्थ भी स्पष्ट नहीं हुआ।

(106)

कौनहुँ[1] मिसि गुनीयै नहीं[2], जो पाँचन के माँझ।
ताकी जननी मैं गनी, नई सपूती बाँझ।
नई सपूती बाँझ जाइ पूतहि तन खोयौ।[3]
तेज[4] देह[5] करि[6] हीन दीन खायौ[7] अरु सोयौ।
रोवत[8] पितर अकास आस छाड़ैं[9] मुख[10] मौनहि[11]।
बैरी मंगन[12] देखि[13] रहे घर[14] कै[15] घुस[16] कौनहि ॥ एक सौ छह ॥

पाठभेद

उदै–कुंडलियौ (क्रमाङ्क छ है) 1 कौनंहू 2 गनियैन्ही 3 षोयौ 8 रोवति 10 मुष 11 मोनहि 12 मंगनि 13 देष 14-16 घुस कै घर
मोड़ी–1 कौन कूँ 2 गुनियै 4 तेग 5 त्याग 6 कटि 9 ठाढ़े 12 मंगज 15 कें
हरि–3 षोयौ 4 तेग 5 देग 7 षायौ 10 मुष 13 देषि

भावार्थ

कवि देवीदास मत प्रगट करते हैं कि संसार में जन्म लेकर मनुष्य अगर इतना सुयोग्य-समर्थ नहीं हुआ कि समाज में श्रेष्ठ पंचों के बीच उसकी गणना नहीं हुई तो उसका जन्म लेना ही अकारथ गया। वे तो उसके जन्म लेने की घटना को ही नहीं मानते। बल्कि उनके विचार से ऐसे पुत्र को जन्म देने वाली उसकी माँ को वे एक ऐसे नए प्रकार की पुत्रहीन बाँझ औरत ही मानते हैं, जो पुत्रवती होते हुए भी पुत्रहीना ही कहलाएगी। कवि के विचार से ऐसी बेचारी दुखियारी माँ ने ऐसा पुत्र पैदा कर अपने शरीर का रक्त-माँस व्यर्थ ही गँवाया। ऐसा पुत्र जिसने मानव जीवन का सर्वश्रेष्ठ गुण तेज गँवा दिया। अपना शरीर भी व्यर्थ किया। बस खाता और सोता रहा। ऐसे पुत्र के पैदा होने पर उस वंश के पितृगण पितृलोक में तड़पते-कलपते रहते हैं। वे वंश के उद्धार की आशा छोड़ मौन साधे मुख मलिन किए रहते हैं। जिनके वंश का वंश- धर शत्रुओं के आने से डर के मारे या याचकों के आने पर कुछ देने से बचने के लिए घर के कोने में जा छिपता है, उसका जन्म लेना ही व्यर्थ है।

(107)

एक राह ऐसी है जु चलिबै सबैकुँ[1] ताकी
फिकर न काहू यह कौन भाँति[2] रलैगी।
गज घोराँ खजानै[3] अजानै याहि जानै भारी
भारी[4] सौंज[5] भार बरदारी पै न हलैगी।
एकै है उपाय[6] सोई मन बच जानिबे[7] है
सब साथ चलै और दूनी-दूनी फलैगी।
हाथी ऊँट गाड़े[8] खचरा पै न चलैगी देवी
बामन[9] के हाथ पर धरैगो[10] सु चलेगी ॥ एक सौ सात ॥

पाठभेद

उदै–(क्रमांक 7 है) 3 षजानै 9 बाभनि
मोड़ी–1 को 2 भाँत 5 सौ जुं 6 उपाव 8 गाड़े
हरि–3 षजानै 4 भारी भारी 7 जानबे 9 बाभन 10 धरौगे

भावार्थ

कवि देवीदास कहते हैं कि इस जगत में जीवन को सुचारु ढंग से, सरलतापूर्वक गतिशील बनाए रखने के लिए एक ऐसा सरल मार्ग है कि उस पर होकर सभी आसानी से आगे बढ़ सकते हैं। उस मार्ग को, या उस राह को पकड़ लेने पर फिर इस बात की कोई चिंता नहीं रहती कि वह आगे किस-किस रूप में बढ़ाती ले जाएगी। हाथी-घोड़े आदि वाहन जो भार ढोकर ले जाते हैं, वे इस राह पर चलते हुए इसकी धन-संपत्ति को ढोकर ले चलने में अपने आपको असमर्थ पाते हैं। इस पर बढ़ने का बस एक ही उपाय है जिसे मन-वचन-कर्म से अच्छी तरह जान लेना चाहिए। उस रूप में बढ़ने पर यह अधिक फल प्रद होती है। हाथी, ऊँट, खच्चर जैसे भार ढोलेवालों के भरोसे इस पर बढ़ना मुश्किल है। हां अगर ब्राह्मण को दान-दक्षिणा देते रहोगे, तो यह पूरी तरह से फलवती होती रहेगी।

नोट–पाठ की अस्पष्टता से अर्थ भी अस्पष्ट रह गया है।

(108)

भागन[1] सौं[2] फौज संग चलै चतुरंग चले
सुगम है हाथी पै निसांन लहलाइबो[3]।
गोतल[4] में बड़े आगे[5] कोतल हू चले और
सुगम है माथे पर चौंर[6] को ढुलाइबो[7]।
तोपन[8] के गोला चलै सैनिके गिलोला[9] चलै
चढ़े धोरे दौरि अरिपुर कौ जलाइबो।
सुगम है देवी तीर तोप[10] कौ चलाइबौ पै
कठिन है ठाकुर की[11] कीरत चलाइबौ[12] ॥ एक सौ आठ ॥

पाठभेद

उदै–(क्रमांक 8 है।) 3 हलायबौ 4 गौतल 5 आगै 7 हलायबौ 8 तौपन 10 तुपक 11 हैं 12 चलायबौ
मोड़ी–1 भागत 2 सूँ 6 चौर और 9 झिलोला
हरि–2 सुँ 6 चौंको 9 गिलाला 10 तुपक 11 हैं

भावार्थ

कवि देवीदास कहते हैं कि युद्ध भूमि में जब अपनी सेना हार कर भाग रही हो तो फौज के संग जब सारी अपनी चतुरंगिणी सेना ही भाग रही हो, तब साहस कर अपने हाथी को रोककर उस पर अपनी विजय पताका फहराने जैसा दुष्कर कार्य भी सुगम हो सकता है। जब ऊपर से अस्त्र-शस्त्रों की भारी वर्षा हो रही हो, तब खाली सजावटी घोड़ों पर चँवर डुलाने का अति कठिन काम भी कोई सुगमता से कर ले सकता है। जब तोपों से भारी गोले बरस रहे हों, छोटी-तोपों-बंदूकों गुलेलों से गोलियों की झड़ी लगी हो, उसके बीच भी अपने घोड़े को दौड़ा ले जाकर शत्रु के देश को जला डालना आसान है। महासमर में धनुष से तीर चलाना या तोप से गोला दागना जैसा कर्म भी सुगम है परंतु ऊँचे वंश की गौरवशाली कीर्ति को चलाए रखना बहुत कठिन है, जिसे बिरले ही चला पाते हैं।

(109)

मान[1] समै लछन[2] बत्तीस दाँतहु बत्तीस सोऊ
दोउए समान ऐसे राजनीति मैं कहैं।
दोऊ आछे ऊजरे हैं, दोऊ सोभा देत देवी
दोऊ आछे राखियै[3] पै[4] आप[5] हाथ मैं गहै।
दोऊ एक साथी है पै कदाचित लछन[6] जौ
रहै तौ रहैई और दाँत ढहै तौ ढहै।[7]
सभा माँझ[7] बैठ[9] बड़ो मानस कहाइ जब
दाँत काढ़ दीने तब लछन[89] कहाँ रहै ॥ एक सौ नौ ॥

पाठभेद

उदै–(क्रमांक 9 है।) 2 लछिन 3 राषिहै 5 अपने 6 लषन 9 बैठि 10 लषन
मोड़ी–1-2 मानस मैल छिन 7 छहै 8 माहि
हरि–2 लछन 3-4 राषीयै ये 6 लइन

भावार्थ

कवि देवीदास बतलाते हैं कि मानी-सम्मानी पुरुष के लिए बत्तीस शुभ लक्षणों से युक्त होना गौरव की बात है। मानिनी नायिकाओं के मान के समय भी बत्तीस लक्षण प्रगट होते हैं। जिसतरह पुरुष के श्रेष्ठ लक्षण बत्तीस हैं उसी तरह मनुष्य के मुँह में दाँतों की संख्या भी बत्तीस है। इस तरह बत्तीस लक्षणों से युक्त और बत्तीस दाँतों से संपन्न व्यक्ति को बराबर इज्जत दी जाती है। लक्षणों और दाँतों की कांति श्वेत-शुभ्र होती है। दोनों ही पुरुष की शोभा बढ़ाते हैं। परंतु दोनों को ही सँभाल के रखना होता है। दोनों साथ-साथ बने रहने चाहिए। परंतु अवस्था वश दाँत चाहे गिर जाँए, किंतु लक्षणों को तो बनाए ही रखना चाहिए। अगर कहीं दाँत पूरे-के पूरे बत्तीस बने भी रहें परंतु सभा के बीच कोई इन्हें निपोरता हुआ, चिआरता हुआ, सबके सामने दिखाए तो फिर श्रेष्ठ पुरुष के लक्षण उसमें भला कैसे बँचे रह सकते हैं ?

(110)

बहिरैं[1] के आगैं बीन बजायबौ[2] करौं और
आँधरे कैं आरसी दिखायबौ[3] न[4] क्यों करौ।
ऊसर में च्यार[5] मास बरसबौ करौ क्यौं न
स्वान पूँछ[6] सूत कै सुधार[7] सूधी कै धरौ।
मूरख कैं आगे ऐसै[8] गुण कौ प्रकास वाद[9]
रचि-रचि कै बनाव[10], पचि-पचि कै मरौ।
देवी यौ[11] कबूल है पालेहू[12] तौ[13] परो[14] परि[15]
मूरख[16] के पालै कोऊ कबहू जिन परौ ॥ एक सौ दस ॥

पाठभेद

उदै–(कोई क्रमांक नहीं दिया) 3-4 दिषायबौ किन 6 पूँछकै 9 वादि 10 बनाय 14 षरो 15 पर 16 मूरष
मोड़ी–1 बहिरै 2 बाजबोई 3 दिखाइबो 5 चार 7 सुधारे 8 ऐसो 10 बनाउ 11 देवीयौं 12-13 पालेहु तौ
हरि–3 दिषाइबौ 14-15 परौपरि 16 मूरष

भावार्थ

देवीदास कहते हैं कि मनुष्य जीवन में आदमी को ऐसे भी काम्म करने की बाध्यता आ जाती है जिनके करने की कोई सार्थकता नहीं होती। सारा-का-सारा परिश्रम व्यर्थ हो जाता है। फिर भी वे कहते हैं कि ऐसे अकारथ कुछ श्रम करने ही पड़ जाँय। तो करने को तैयार हो जाना चाहिए। जैसे बहरे के आगे बीन बजाना पड़े, तो बजाते रहो। अन्धे को आइना दिखाना पड़े, तो दिखाते रहो रे भाई। ऊसर में चार महीने तक पूरी बरसात भर पानी पड़े, जो निरर्थक ही है, सो भी बरसाते चलो। कुत्ते की पूँछ को सीधी लकड़ी सूत से बाँध कर सीधी करनी पड़े, तो वह व्यर्थ श्रम भी करते रहो। परंतु मूर्ख व्यक्ति के सामने सद्गुणों का बखान करना पड़ जाए, तो चाहे कितनी ही बार कितनी ही कोशिश करते मरो-खपो परंतु उसका कोई प्रभाव तो पड़ेगा नहीं। अतः देवीदास कहते हैं अन्य महा असंभव कार्यों के करने के पाले पड़ना पड़े तो कोई बात नहीं, परंतु परमात्मा किसी को मूर्ख के पाले न डालें। मूरखों को समझाने के चक्कर में न पड़ना पड़ें।

(111)

आपन अकेलो[1] आस पास सब विपरीत[2]
दाँतन मैं जीभ[3] जैसे तैसी भाँति रहियै।
जानियै[4] निकसि[5] पैठि[6] चलियै नरम ह्वै कै
नेह करै[7] तो पै वा सनेह[8] सौ न नहियै।
अनमिले मिल्यौ सौ दिखाइये[9] इते[10] पर तो[11]
सतावे तो देवीदास समै पाइ सहियै।
दाउ परै एक बोल ऐसे बोलिये[12] जु[13] ठौस[14]
और पै दिवैयै जब ढेर कर्‌यो चहियै ॥ एक सौ ग्यारह ॥

पाठभेद

उदै–(क्रमांक 11 है।) 1 अकैलौ 2 बैरी तब 5-6 निकस पै 8 नेह 8-11 दिषाइये ते पर तौ 12 बोलीये 13-14 झठौ सा 15 कस्यौ
मोड़ी–3 जीमे 4 आनिये 6 पैठ 7 कर 10 इतू करो
हरि–2 बैरी तब 9 दिषाइए 13-14 जु ढौसा

भावार्थ

कवि देवीदास समझाते हैं कि मनुष्य को अपने आसपास के वातावरण से बहुत सजग होकर रहना चाहिए। विशेषकर तब जब ऐसी परिस्थिति हो कि अपने निपट अकेले पड़ गए हों। जो भी चारों ओर से घेरे हों, वे सारे-के सारे शत्रु भाव रखनेवाले हों तब उसीतरह गुजारा करना चाहिए, जैसे जीभ बिचारी दाँतों के बीच रहती है। घर से बाहर निकलना या घर के अंदर आना-जाना अत्यंत सावधानी से करना चाहिए। ऐसी दशा में कोई बहुत हितैषी बन कर अतिरिक्त प्यार दिखलाए, तो उसके प्यार में बह मत जाइए। जो शत्रुवत आचरण करते हैं उन्हें भी अपना भला चाहने जैसा मानकर व्यवहार कीजिए। उन्हें ऐसा न लगे कि आप उनके अनमिलेपन को जानकर सजग हैं। अगर वे सता रहे हैं, तो समय की नज़ाकत को समझकर सब सहते चलिए। जैसे वे तुम्हारे अपने ठीक दाव पर चढ़ आएँ फिर एक ऐसा ठोस बोल बोलिए, ऐसा सटीक प्रहार कीजिए। जब और अधिक प्रहार करना हो, तो उसी तरह का प्रहार दूसरों से भी करवाइए कि वहीं ढेर हो जायँ।

(112)

काहू कैं बरेड़ैं काग बैठ्यौ[1] काँय-काँय[2] करै
देवीदास वह[3] वाकौ मारिबौ[4] मनै धर्यौ।
बैनन मैं सुंदर सौं कह्यौ षांड़ौ[5] ल्याव[6] मेरौ
सैननि धनुष बान माग्यौ पै[7] छलै कर्यौ।
निधरक बाइस वा बोल पर बैठौ रह्यौ
खैंच[8] तुका[9] मार्यौ[10] वह मही मैं गिर[11] पर्यौ।
गिरत मैं काक् कह्यौ हौं तो सदा जीवत हौं[12]
जाको बोल मर्यौ ताकौ[13] बोल मर्यौ सो मर्यौ ॥ एक सौ बारह ॥

पाठभेद

उरै–(क्रमाङ्क 12 है।) 1 बैठौ 7 पूयौ 7 षैंचु 10 मरयौ
मोड़ी–2 काइ काइ 4 मारबौ 5 षाड़ी 8-9 खैंचनु का 12 ही
हरि–2 कांइ-काइं 3 वहि 5 षांड़ो 6 लाब 11 गिरै 13 तो को

भावार्थ

कवि देवीदास कहते हैं कि किसी एक आदमी के घर के मुँडेरे पर बैठा हुआ कौआ काँव-काँव का शोर मचाए जा रहा था। उस आदमी ने मन-ही-मन उसे मार गिराने का विचार किया। ऊपर-ऊपर से बड़ी मीठी बोली में उसने किसी से अपनी छोटी कटार ले आने को कहा, परंतु आँख के इशारे से धनुष बाण मँगवा लिया। कटारी की बात सुन कौआ डर भूल उसी मस्ती में काँय-काँय शोर मचाता ही रहा कि उस आदमी ने तीर खीच कर उस पर दे मारा। अचानक आघात लगने पर कौआ गिर पड़ा। परंतु गिरते-गिरते ही बोला कि मुझे तुम भला क्या मारोगे, मैं तो अमर पक्षी हूँ। हाँ तुमने छल करके, कहा कुछ और कहना चाहा था कुछ; इस तरह तुमने अपनी बोली को स्वयं ही मार लिया। अतः वस्तुतः जिसकी बोली या जवान मारी गई, वही तो मरा। उसका वचन मारा गया। इस तरह मौत तुम्हारी ही हुई, मेरी नहीं।

(113)

संगति[1] सुमति[2] होय[3] तौ गुन गहै जो वाहि
सौगुन सिखाइए[4] तौ औगुन कहा[5] करै।
लोक लीक लीपै[6] एक पाप ही की प्रीत जँह
ठीक बात एको[7] नाहि चीकनौ रहा करै।
लाज न कहे की ये कीने की नहीं टेकी
नकटेकी[8] और सुनौ बैठो बदियै[9] महाकरै।
संगत प्रसंग[10] तै बुरौऊ भलो होत[11] देवी
वेसे वा[12]असंगत की[13] संगत कहा करै ॥ एक सौ तेरह ॥[14]

पाठभेद

उदै–(क्रमांक 13 हैं।) 4 सिषायी 5 गहा 6 लोपैं 7 एक 9 बंदियै 10 प्रताप 11 होतु 12 सेवा 13 कौ
मोड़ी–2 सुमत 8 नेकी 12 बैठे वा
हरि–1 संगत 3 होइ 5 गहा 8 नकटेकी 12 वेमेवा

भावार्थ

कवि देवीदास कहते हैं कि मनुष्य को अगर सुमति होती है तो वह प्रत्येक स्थान से गुण का ही ग्रहण करता है। उसे अच्छे गुण सिखाए जाएँ तो फिर वह अवगुणों के जाल में कभी नहीं फँसता। परंतु जो मनुष्य पाप कर्म में ही लिप्त रहते हैं वे तो लोक धर्म की लीक ही मिटा देते हैं। वे किसी भी भली बात को महत्त्व नहीं देते। चीकने घड़े की भाँति अच्छी बातें तो उनके ऊपर-ऊपर से ही फिसल जाती हैं। उन्हें अपने द्वारा कहे गए वचनों के निभाने की कोई लाज नहीं होती और न तो अपने किए कार्यों के प्रति कोई उत्तदायित्व की भावना ही होती है। वे व्यर्थ में बैठे-बैठे दूसरों का अहित ही करते रहते हैं। अच्छी संगत में रहने से बुरे स्वभाव के व्यक्ति भी भले सज्जन बन जाते हैं। अतः मनुष्य को कुसंगत से बचे रहना चाहिए। दुष्टों की संगति में कभी नहीं पड़ना चाहिए।

(114)

बाहर औरहि[1] भीतर औरहि
बाप कौ[2] पूत न पूत है माँ को।
काम[3] परै नहि कोऊ के काम को
आखर[4] एक पढ्यौ जिन[5] ना को।
आस करी ते निरास भए
देवी नैकु[6] कस्यौ निकस्यौ तब बाँकौ।[7]
ठाकुर[8] ठाकुर जानत हौ यह
ठाकुर तौ निकस्यौ[9] मुलमा[10] कौ ॥ एक सौ चौदह ॥

पाठभेद

उदै–(क्रमांक 14 है) 1 औरही 3 भीर 6 अषिर 5 जिहि 7 ताकौ
मोड़ी–2 कूँ 3 कहा 4 अछर 6 नेक 7 वाकौ 8 ठाकुरे 9 निकर्‍यौ 10 मुलमाँ
हरि–4 अखर 5 जिहि 6 नैक

भावार्थ

कवि देवीदास कहते हैं कि इस संसार में आदमी को परख पाना अति कठिन है। क्योंकि कुछ व्यक्ति ऐसे होते हैं जो बाहर से तो कुछ दिखाई देते हैं परंतु आंतरिकता में कुछ और ही होते हैं। वे न तो अपने पिता के सगे होते हैं न माता के। अतः माता पिता के शील स्वभाव से उनके स्वभाव का अनुमान करना बड़े धोखे का काम होता है। वे किसी भी आदमी की संकट की घड़ी में काम नहीं आते। जिन्होंने बस 'नहीं' करने का पाठ पढ़ लिया है, वे किसी के काम आएँगे भी क्या ? ऐसे लोगों से जो लोग आशा बँधाए रहे अंततः वे निराश ही हुए। ऊपर ऊपर से ऐसे लोग बड़े पराक्रमी, उदार, दानशील इत्यादि लगते हैं पर अंत में जान पड़ता है कि उनका सारा व्यक्तित्व बस बनावटी ही था।

(115)

ऊँचो मुँह कियै[1] गाउतकिया[2] सौं[3] टिकि बैठौ[4]
सबसूँ अलेप बिना नेह[5] मुँह रूषनौ।[6]
ताते पानी न्हाय नितनये[7] पट बाँधैं और
अम्बर मैं रातौ तातौ दीसै मनु पूषनौ।
करी[8] पीर करैं जाके सीस पर चौंर ढरै।
साथी दिग रहै धरें कंचन के भूषनौ।[9]
देवीदास तेग-त्याग हीन सब भाँत बन्यौ
कहियै[10] विचार यह ठाकुर की दूषनौ[11]॥ एक सौ पंद्रह ॥

पाठभेद

उदै–(क्रम संख्या 15 है।) 3 सौं टिक 7 नए
मोड़ी–1-3 कीयै गावत की आस 6 दुखनौ 8 कर 9 भूख नौ 11 दुख नौ
हरि–2 गावै 3 तकियासुँ 4 बैठ्यौ 5 नैह 7 नए 10 कहियौ।

भावार्थ

कवि देवीदास कहते हैं कुछ राजे-महाराजे या ठाकुर-स्वामी ऐसे होते हैं जो अपनी गद्दी पर मसनद का गाव तकिया लगाए उस पर आराम फरमाते हुए ऊँचा मुँह किए हुए अपनी मौज-मस्ती में रहते हैं। किसी से भी कोई संपर्क नहीं रखते। सभी के प्रति रूखा व्यवहार करते हैं। गर्म जल में स्नान करके प्रत्येक दिन नए-नए कपड़े बदलते रहते हैं। बराबर आकाश की ओर ही मंत्रमुग्ध हो निहारते रहते हैं। जान पड़ता है जैसे सभी का मन वांछित फल प्रदान करनेवाले हैं। काफी परिश्रम करके उनके दासानुदास उनके सर पर चवरें डुलाते रहते हैं। उनके मित्रगण तरह-तरह के स्वर्ण-रत्न जड़ित आभूषण पहने उन्हें चारों ओर से घेरे रहते हैं। देवीदास कहते हैं न तो रण कौशल में प्रयुक्त होने वाले हथियार वगैरह ही वह धारण करता है न दानशीलता और त्याग की भावना ही उसमें है। अगर ऐसा ही शासक या मालिक है तो भला बतलाइए कि उसे मालिक कहें अथवा कष्ट देने वाला। प्रजा के लिए महाविपत्ति समझें ?

बैरिन[1] कूँ[2] हेर मारै, गढ़ कोट खेल[3] पारै[4]
अंगनिनिगंज डारै, होत ग्वाल गोत है।
परखैं[5] असारै सारै दारद दरेरि मारै
देवीदास ह्यां जिनिकै जस कै उदोत है।
ऐसे कविराजन[6] कहै है गुन राजन[7] कै
ये[8] गुन[9] रहित गादी तकीयानि सोत[10] हैं।
ऊँचौं मुँह गुरुता निलेप[11] तासु[12] अभिषेक
पटबंध चौंर एतौ दूषन कै होत हैं ॥ एक सौ सोलह ॥

पाठभेद

उदै—(क्रमांक 16 है) 2 कौं 3 षेल 4 मारैं 5 परषैं 6 कविराजनि 7 राजनि 8 ए 9 गुन 10 सोति 11-12 निलेपतारु
मोड़ी—1 बैरन 7 राजनि 8-9 औगुन 11-12 गुस्तानि लेप तासु
हरि—3 पेल 7 राजनि 12 ताहु

भावार्थ

कवि देवीदास कहते हैं कि श्रेष्ठ कवियों ने राजाओं के लक्षण बखाने हैं कि वे अपने शत्रुओं को ढूंढ़-ढूंढ़कर मार डालते हैं। अपने शत्रुओं के दुर्गों को खेल-खेल में नष्ट कर देते हैं। अपने पक्ष के लोगों का प्रतिपालन करते हैं। सारे सारहीन तत्त्वों को परख कर दूर कर देते हैं। अच्छे लोगों की ददिद्रता दूर करते हैं। जिनके यश की बड़ाई सर्वत्र होती है। परंतु आजकल के राजा तो इन सभी गुणों से सर्वथा हीन हैं। ये तो बस गद्दी पर गादी तकिया लगाए सोते रहते हैं। जो बस घमंड में चूर सर ऊँचा उठाए, महत्त्व से हीन हैं ऐसे लोगों का राजा के रूप में अभिषेक करना, उनका छत्र-चन्द्र डुलाना अथवा उन्हें नाना वस्त्राभूषणों से सजाना सभी कुछ दोष का ही विषय है। उनसे तो प्रजा को कष्ट ही कष्ट होने वाला है।

(117)

पचै नाहिं भात[1] दार[2] मूँगहू[3] की पचै नांहि
पचै नाहिं मीसी[4] रोटी पेट अहटातु[5] है।
लवा के परेब[6] हू[7] सौं[8] फूल आवै फूलक[9] मैं
फुलका[10] फुलौरी पचै नाहीं यह भांतु[11] है।
कढी ही के चाटै ढूँढ़ि[12] बढ़ी है नदी समान
देवीदास एकौ खील[13] उदर न मातु[14] है।
ऐसी मंदी[15] भूख[16] माँझ देह राखबे[17] कुँ एक
प्रभु की कृपा सौं भारी रीझ पचि जातु है ॥ एक सौ सत्रह ॥

पाठभेद

उदै–(क्रमांक 17 है) 1-2 दार भात 3 मूँगही भाँति ढूँढ़ 13 षील 15 मंद 16 भूष 17 राषबे

मोड़ी–3 मुंगहु 4 मोसो 5 अहटात 6-8 परे है हुसे 9 पलक 10 कुलका 11 भांत 12 दूध 14 मात

हरि–6-8 परेहहु से 12 हूँद 13 षील 17 राषबे

भावार्थ

कवि देवीदास कहते हैं कि शरीर की जब ऐसी अवस्था है कि पका हुआ भात भी नहीं पच पा रहा है। यहाँ तक कि मूँग की इतनी सुपाच्य हल्की दाल भी नहीं पच पा रही है। मिसी हुई फुलके सी रोटी नहीं पच रही है। लवा जैसे छोटे पंछी के पंखों की हवा भर से फुल्का से फूल उठते हैं। फुलका फुलौरी कुछ भी पचा पाने की शक्ति नहीं रही है। कढ़ी चाट लें तो भी ढेढुकी (नाभि) नदी सी फूल उठती है। एक मामूली लावा भी पेट में नहीं समा पा रहा है। ऐसी जीर्णावस्था में भी प्रभु कृपा की बलिहारी है कि उनके प्रति भक्ति की जो भारी प्रीति है वह बड़ी अच्छी तरह पच जा रही है जिसके भरोसे ही यह जीवन बना हुआ है। ...... जीवन बनाए रखने के उद्देश्य से ही प्रभु चरणों के प्रति प्रीति का भाव हृदय में बसाए हुए हैं। यही उनकी भारी कृपा है।

जाही के तौ चाकर हौ ताही की लुगाई तकौ
बात कौं रै[1] मारौ[2] यह ग्यांन कित को गहा।
जो कहौगे प्रारबध[3] से तो[4] यह आवत है
आई बरताइ[5] देह[6] यहै मतौ है महा।
आपनी सौं[7] तौरौ[8] याहि लैकै[9] रु[10] गाँठ जोरौ
यहै[11] विपरीत दोष[12] हमै तौ लग्यौ चहा।
एरे भैया राम के हो राम की तौ छिटकाय[13]
राम की लुगाई सेती प्रीत करिबो कहा ॥ एक सौ अठारह ॥

पाठभेद

उदै—(क्रम संख्या 18 है) 4 सेती 5 बरताय 6 देहु 8 तो रों 10 तुम 11 यह 12 दोषैं
मोड़ी—1 कोरे 2 डारो 9 लै कै उव
हरि—1 बत कौरै 3 प्रारबंध 7 सुँ 12 दोषै 13 छिटकाई

भावार्थ

कवि देवीदास कहते हैं कि तुम जिस आदमी के सेवक हो उसी की पत्नी पर बुरी नज़र रखते हो। उसके विरुद्ध बातों के चाबुक मारते हो। उसकी निंदा करते फिरते हो। भला यह कहाँ का ज्ञान है ? अगर कहोगे कि यह तो भाग्य से मिलता है जो आए उसे निभा देना ही उचित मत है। अपने से ही तो तुम संबंध तोड़ते हो। फिर टूटे हुए सूत्रों को गाँठ दे-देकर जोड़ते हो। यह सब तो बड़ा ही उल्टे किस्म का दोष मालूम पड़ता है। अरे भाई ! अगर राम के चेरे हो, तो राम से तो संबंध तोड़ देना चाहते हो और राम की पत्नी से प्रेम की पींग भरना चाहते हो। भला इसमें क्या तुक है ?

(119)

जब छीर समुद्र मथ्यौ निकसे
विष[1] लछि सहोदर[2] हैं[3] तब कै।
यह जानि कै साधनि लछि[4] तजी
जु यहै मन मोहत है सबकै।
विषयी[5] जन कूँ विष बेल[6] यहै
जु रहैं लछिमी[7] मद[8] माँहि छकै।
हरि हेत[9] लगै तब जानियै[10] जो[11]
विष बेल लगै फल अमृत के ॥ एक सौ उन्नीस ॥

पाठभेद

उदै–(क्रम संख्या 19 है) 2 सहौदर 5 बिषई जु रहौ 7 लिषमी 8 मंद 9 हेतु 10 जानीयै

मोड़ी–1 बिस 2 सहौदर 3 हे 4 लछ 5 विषई 6 बैल 8 मंद 11 यौं

हरी–पाठ भेद नहीं।

भावार्थ

कवि देवीदास कहते हैं कि सृष्टि के आरंभ में ही जब देवताओं और असुरों ने मिलकर रत्नों की प्राप्ति के लिए समुद्र-मंथन किया था, तभी समुद्र से निकले रत्नों में से लक्ष्मी और विष साथ-साथ ही निकले थे। अतएव ये दोनों तो सहोदर भाई-बहन हुए। इसी सहोदरता को देखते हुए साधु-सज्जन प्रकृति के लोगों ने लक्ष्मी को भी विष जैसा ही मानकर त्याग दिया है। वे लक्ष्मी या धन संपत्ति के चक्कर में नहीं पड़ते। जबकि यही लक्ष्मी सबके मन को मोहकर सबसे दुष्कर्म करवाती है। जो विषयी जन लक्ष्मी के घमंड में इतराए फिरते रहते हैं, उनके लिए यह लक्ष्मी विष की लता ही है; जो परिणाम में विष ही विष फलती है। परंतु जब श्री नारायण प्रभु हरि के चरणों में प्रीति होती है तो यह विष की बेल भी अमृत का फल फलने लगती है। अतः जब विष बल्लरी अमृत का फल फलने लगे, तभी समझो कि किसी की प्रीति हरि के चरणों में सच्ची लग गई है।

(120)

बेरकु दीनदयाल कही कहि[1]
    दीन भयो नस[2] दीन[3] सदीयै[4]।
देवनदी तट आसन[5] दी पथ
    प्रेम प्रवाह लदी[6] न कदीयै।[7]
इन्द्रिय तोहि न दी[8] किन[9] दीमति[10]
    है सब दी पर दी अनदीये[11]।
देवी कदी न कदी नर देह
    सु[12] मैन[13] बदी सबदी सब दीये ॥ एक सौ बीस ॥

पाठभेद

उदै–(क्रम संख्या 20 है) 2 सदीयैं 5 आँष नदी 4 दीयैं 11 अनिदीयैं दीयैं
मौड़ी–1 कदी कह 2 न उसदीन 5 आस दी 6 लदीन 7 कदीये 8 नदी 9 किन 10 दीप रदी 12-13 सु मै न बदी
हरी–1 कदीकह 5 आँष 8-10 नदी कि नदी मति

भावार्थ

कवि देवीदास कहते हैं जिसने थोड़ी देर के लिए भी दीनदयाल भगवान का नाम लेकर उनके चरणों में अपनी दीनता व्यक्त की, उसकी दीनता सदा-सर्वदा के लिए समाप्त हो गई। वह हर तरह से श्री-सम्पन्न हो गया। गंगा के तट पर आसन लगाकर जो प्रेम के प्रवाह में कभी बहे नहीं। हे इन्द्रियों ! तुम्हें यह सुबुद्धि किसी ने क्यों नहीं दी कि जब तक प्रभु चरणों में प्रीति नहीं होती सब दिया हुआ भी अनदिया हो जाता है। मनुष्य की यह देह फिर कभी मिले या न मिले, अतः मैं तो उसे ही सार्थक समझता हूँ जो इस शरीर को पाकर अपना सब कुछ न्यौछावर कर देता है, वही सब कुछ पाता है।

नोट–पाठ की अस्पष्टता के कारण अर्थ भी स्पष्ट नहीं हो सका है।

(121)

सास[1] घटी जु घटी सुघटी
सुघटी अब छोड़[2] गई अवटीयै।
जोर जटी[3] न कटी[4] भवपास
घटी[5] फकटी उलटी सुलटीयै।
पैजु[6] रटी कुरटी सुनटी
सब भेद बटी मति मूढ़ मटीयै।
देवी लटी न[7] तृषा[8]-उलटी[9]
गतिकै[10] सुलटी जम हाथ लटीयै॥ ॥ एक सौ इक्कीस ॥

पाठभेद

उदै–(क्रम संख्या 21 है।) 1 सीस 2 छोभ 8 चृषा 10 गति ए
मौड़ी–1 सीस 2 छोभ 4 नकढी 6-7 नमि खाऊ लटी
हरी–5 घटी

भावार्थ

कवि देवीदास कहते हैं कि जीवन में जो श्वास-प्रश्वास की परिपूर्ण मात्रा मिली थी, उसमें से अधिकांश तो व्यर्थ ही चली गई। अब बस काफी घटी हुई साँसें ही शेष रह गई हैं। जो साँसें घट गई, सो तो घटी ही, अब तो उन्होंने जो स्थिति छोड़ी है वह और भी बुरी स्थिति की ओर अग्रसर है। हरतरह का जोर लगा मारा मगर भवसागर का आवागमन के चक्र का यह जाल कट नहीं सका। जो प्रतिज्ञाएँ की थीं वे सब बेकार हो गईं। अपनी मन्द बुद्धि ने सारी अच्छी स्थितियों को भेद-भाव के बुरे भावों में लपेट कर नष्ट कर दिया। देवीदास कहते हैं कि शरीर की दशा तो अब मरणासन्न हो गई है फिर भी लोभ-लालच का भाव अभी भी नहीं खत्म हुआ। अब इस अन्तिम दशा में जब कि सर की चोटी यमराज के हाथों द्वारा पकड़ी जा चुकी है, भला गति का क्या सुधरेगी ?

(122)

जब जब गाढ़ परी दासन कुँ[1] देवीदास
तब तबही सहाय हरिजू नै कीनौ है।
जैसे कछू नरहरि देव जू दयानिधान
ऐसा कौन अवतारु दया रसभीनौ है।
मातनि[2] के पेट तैं सरूप धरै और ठौर
सुतौ[3] है उचित ऐसो और को[4] प्रवीनो है।
प्रहलाद हेतु[5] जान ताथर[6] के[7] बाँधे आपु
पाथर के पेट मैं तै[8] अवतारु लीनौ है। ॥ एक सौ बाइस ॥

पाठभेद

उदै—(क्रम संख्या 22 है।) 1 दासनि कुँ 3 सूतौ 4 कौ नीनौ
मौड़ी—1 दासकूँ 5 हेत 6 नाथ 7 रके
हरी—2 मातनि 4 कौ 8 तौ

भावार्थ

कवि देवीदास भगवान के विभिन्न अवतारों में से नृसिंह भगवान के अवतार की सहृदयता की प्रशंसा करते हुए कहते हैं कि सृष्टि का इतिहास साक्षी है कि भक्तों पर जब-जब भीर पड़ी, तब-तब भगवान ने स्वयं अवतरित होकर अपने भक्तों की लाज बचाई है। परन्तु इन सभी अवतारों में भगवान नरसिंह अवतार का जो करुणामय रूप है वैसा रसमय रूप और भला कहाँ है ? शेष जितने ही अवतार भगवान ने लिए, सभी में किसी-न-किसी माँ के गर्भ से ही प्रगट हुए। परन्तु भक्त प्रहलाद को जब उस तरह बाँधकर जान से मार डालने की कोशिश हुई, तो किसी माँ के गर्भ से उत्पन्न होकर दुराचारी को दण्ड देने की लम्बी प्रतीक्षा भगवान ने नहीं की। बल्कि वहीं, उसी पत्थर के पेट को चीरकर ही प्रगट हो गए और भक्त प्रहलाद की रक्षा की। ऐसे करुणानिधान भगवान नरसिंह जी हम पर कृपालु हों।

पुष्पिकाएँ–

उदै–"इती श्री देवीदासकृत राजनीतिरा कवित्त संपूर्णं। शुभं भवतु। कल्याणमस्तु। संवत् 1807 रा रा जेष्ठ सुदि 1 भृगुवार लिषितं जोसी उदैराम वाचनार्थं। वाचै तिण सूँ जै श्री गोपाल वाच जौ जी। ॥ श्री ॥ ॥ श्री ॥

मौड़ी–राजनीतिरा कवित्त "इति श्री देवीदास कृत कबत्त सम्पूर्ण ॥

हरी–"इती देवीदास कृत राजनीति संपूर्णा ॥
सं. 1798 रा पोस बद 4
बुधवासरे मेड़ता नगरे लिषतं ॥
पं. हरकिश्न स्वयं वाचनार्थे ॥

प्रस्तुति–
डॉ. महेन्द्रनाथ दुबे

●●●